박희용 부동산공법

박희용 익힘장

박희용 편저

박문각 공인중개사

Part 01

국토의 계획 및 이용에 관한 법률

제1절 총설(용어)

(1) **광역도시계획** : ___1)___ 의 장기발전방향

(2) **도시·군계획** : ___2)___ 의 공간구조와 발전방향, ___3)___ 계획과 ___4)___ 계획으로 구분

(3) ___5)___ **계획** : 특별시·광역시·시·군 및 생활권의 기본적인 공간구조와 장기발전방향

(4) **도시·군관리계획** : 특별시·광역시·시·군의 개발·정비·보전을 위한 다음의 계획

① ___6)___ · ___7)___ 의 지정·변경에 관한 계획

② ___8)___ 구역, ___9)___ 구역, ___10)___ 구역, ___11)___ 구역의 지정·변경에 관한 계획

③ ___12)___ 의 설치·정비·개량에 관한 계획

④ ___13)___ 사업이나 ___14)___ 사업에 관한 계획

⑤ ___15)___ 구역의 지정·변경에 관한 계획과 ___16)___ 계획

⑥ ___17)___ 구역의 지정·변경에 관한 계획과 ___18)___ 계획

⑦ ___19)___ 구역의 지정·변경에 관한 계획과 ___20)___ 계획

⑧ ___21)___ 구역의 지정·변경에 관한 계획

(5) **지구단위계획** : 도시·군계획 수립대상지역의 ___22)___

(6) ___23)___ **계획** : 성장관리계획구역의 **난개발**을 **방지**, 계획적인 개발 유도

(7) ___24)___ **계획** : 건폐율·용적률·높이 등을 **완화하는 용도구역의** 효율적이고 계획적인 **관리**를 위하여 수립하는 계획

(8) ___25)___ **계획** : 창의적이고 혁신적인 도시공간의 개발을 목적으로 **도시혁신구역**에서의 건폐율·용적률·높이 등의 **제한**에 관한 사항을 **따로** 정하기 위하여 **공간재구조화계획으로 결정**하는 도시·군관리계획

제1절 총설(용어)

1) 광역계획권
2) 특별시·광역시·시·군
3) 도시·군기본
4) 도시·군관리
5) 도시·군기본
6) 용도지역
7) 용도지구
8) 개발제한
9) 도시자연공원
10) 수산자원보호
11) 시가화조정
12) 기반시설
13) 도시개발
14) 정비
15) 지구단위계획
16) 지구단위
17) 도시혁신
18) 도시혁신
19) 복합용도
20) 복합용도
21) 도시·군계획시설입체복합
22) 일부
23) 성장관리
24) 공간재구조화
25) 도시혁신

⑼ [26)]**계획** : 다양한 도시기능이 융복합된 공간의 조성을 목적으로 **복합용도구역**에서의 건폐율·용적률·높이 등의 **제한**에 관한 사항을 **따로** 정하기 위하여 **공간재구조화계획으로 결정**하는 도시·군관리계획

⑽ **기반시설**

교통시설	도로·철도·항만·공항·주차장·자동차정류장·궤도·차량검사 및 면허시설
공간시설	광장·공원·녹지·유원지·공공공지
[27)]시설	유통업무설비, 수도·전기·가스·열공급설비, 방송·통신시설, 공동구·시장, 유류저장 및 송유설비
공공·문화체육시설	학교·공공청사·문화시설·공공필요성이 인정되는 체육시설·연구시설·사회복지시설·공공직업훈련시설·청소년수련시설
방재시설	하천·유수지·저수지·방화설비·방풍설비·방수설비·사방설비·방조설비
보건위생시설	장사시설·도축장·종합의료시설
[28)]시설	하수도·폐기물처리 및 재활용시설·빗물저장 및 이용시설·수질오염방지시설·폐차장

⑾ **도시·군계획시설** : 기반시설 중 [29)]**계획으로 결정**된 시설

⑿ **도시·군계획시설사업** : [30)]**시설**을 설치·정비 또는 개량하는 사업

⒀ **도시·군계획사업** : [31)]**사업**, [32)]**사업**, [33)]**사업**

⒁ **국가계획** : [34)]**계획**사항 또는 [35)]**계획**으로 결정할 사항이 **포함**된 계획

⒂ **용도지역** : 건축물의 용도·건폐율·용적률·높이 등을 [36)], 경제적·효율적 토지이용

⒃ **용도지구** : **용도**[37)]**의 제한을** [38)]**하거나** [39)]하여 적용, 용도지역의 기능 증진, 경관·안전 등 도모

⒄ **용도구역** : **용도**[40)] **및 용도**[41)]**의 제한을** [42)]**하거나** [43)], 시가지의 무질서한 확산 방지 등

⒅ [44)]**구역** : 기반시설 설치가 **곤란**, 건폐율·용적률을 **강화**하여 적용

⒆ [45)]**구역** : 개발밀도관리구역 **외**의 지역, 기반시설 설치, 용지를 확보**하게 하기 위하여** 지정

26) 복합용도
27) 유통·공급
28) 환경기초
29) 도시·군관리
30) 도시·군계획
31) 도시·군계획시설
32) 도시개발
33) 정비
34) 도시·군기본
35) 도시·군관리
36) 제한
37) 지역
38) 강화
39) 완화
40) 지역
41) 지구
42) 강화
43) 완화
44) 개발밀도관리
45) 기반시설부담

<table>
<tr><td>제 2 절</td><td colspan="2">광역도시계획</td></tr>
</table>

1. 광역계획권 지정 및 광역도시계획 수립권자

구 분	광역계획권 지정	광역도시계획 수립
같은 도	1)	2)
2 이상 시·도	3)	4)

(1) 광역계획권의 지정

① **같은 도**: ⬚ 5)

② **둘 이상의 시·도**: ⬚ 6)

(2) 광역도시계획 수립

① **원칙**: 국토교통부장관, 시·도지사, 시장·군수

   ㉠ **같은 도**: ⬚ 7) 가 공동으로 수립

   ㉡ **2 이상의 시·도**: ⬚ 8) 가 공동으로 수립

   ㉢ 3년 내 **시장·군수**의 **승인신청** ×: ⬚ 9)

   ㉣ 3년 내 **시·도지사**의 **승인신청** ×: ⬚ 10)

② **예외적 공동수립**

   ㉠ **도지사**: ⬚ 11) 와 공동으로 수립

   ㉡ **국토교통부장관**: ⬚ 12) 와 공동으로 수립

(3) 광역도시계획의 승인

① **시장·군수**: ⬚ 13) 의 승인

② **시·도지사**: ⬚ 14) 의 승인

   cf. 시장·군수의 요청으로 도지사가 단독으로 수립하는 경우: 승인 ⬚ 15)

(4) 협의가 성립되지 않는 경우: ⬚ 16) 신청

① **시장·군수**: ⬚ 17) 에게 신청

② **시·도지사**: ⬚ 18) 에게 신청

2. 수립·승인 절차

① **수립**: 기초조사(의무) — ⬚ 19) — 의회의견

   ㉠ 공청회: 14일 전 공고, ⬚ 20) 하는 사람이 주재

   ㉡ 시·도, 시·군의 의회와 시장·군수의 의견: 30일 내 의견제시

제2절 광역도시계획

1) 도지사
2) 시장·군수
3) 국토교통부장관
4) 시·도지사
5) 도지사
6) 국토교통부장관
7) 시장·군수
8) 시·도지사
9) 도지사
10) 국토교통부장관
11) 시장·군수
12) 시·도지사
13) 도지사
14) 국토교통부장관
15) ×
16) 조정
17) 도지사
18) 국토교통부장관
19) 공청회
20) 지명

② **승인** : 협의(30일 내 의견제시) － 심의

③ **서류송부** － 공고 · 열람(30일 이상)

  • 국토교통부장관은 시 · 도지사에게, 도지사는 시장 · 군수에게 서류를 송부

  cf. 국토교통부장관은 광역도시계획을 직접 공고 [21)]

제**3**절 도시 · 군기본계획

(1) **수립권자** : [1)] · [2)] · [3)] · [4)]

(2) **승인권자** : **시장 · 군수** ⇨ [5)] 의 승인

(3) **수립의 예외** : **수립하지 아니할 수 있다.**

  ① **수도권**에 속하지 [6)] , **광역시와 경계**를 같이하지 [7)] 인구 [8)]
  명 이하 시 · 군

  ② 관할구역 [9)] 에 수립된 **광역도시계획**에 도시 · 군기본계획 내용이 [10)]
  포함되어 있는 시 · 군

(4) **수립 · 승인 절차**

  ① **수립** : 기초조사(의무) － [11)] － 의회의견

    ㉠ 기초조사에 [12)] 평가, [13)] 분석 포함

      ([14)] 내 실시 － 포함하지 아니할 수 있다)

    ㉡ 특별시 · 광역시 · 시 · 군의 의회 : 30일내 의견제시

  ② **승인 · 확정** : 협의(30일내 의견제시) － 심의

  ③ **서류송부** － 공고 · 열람(30일 이상)

(5) **타당성검토** : [15)] 마다

(6) **생활권계획** : **생활권계획**이 수립 또는 승인된 때에는 해당 계획이 수립된 생활
  권에 대해서는 도시 · 군**기**본계획이 수립 또는 변경된 것으로 **본**다.

21) ×

제3절 도시 · 군기본계획

1) 특별시장
2) 광역시장
3) 시장
4) 군수
5) 도지사
6) 아니하고
7) 아니한
8) 10만
9) 전부
10) 모두
11) 공청회
12) 토지적성
13) 재해취약성
14) 5년
15) 5년

제4절 **도시 · 군관리계획**

1. 도시 · 군관리계획 수립권자

(1) 입안권자

① 원칙 : [1)] · [2)] · [3)] · [4)]

② 예외 : [5)] , [6)]

(2) 결정권자

① 원칙 : [7)] , [8)]

② **시장 · 군수**의 결정 : [9)]

③ **국토교통부장관**의 결정

  ㉠ [10)]발제한구역의 지정 · 변경

  ㉡ [11)]토교통부장관이 입안한 도시 · 군관리계획

  ㉢ [12)]가계획과 연계된 [13)]가화조정구역

④ [14)]**의 결정** : $1km^2$ 이상의 공유수면에 지정하는 수산자원보호구역(공유수면에 인접한 토지 또는 $1km^2$ 미만의 공유수면은 시 · 도지사가 결정)

(3) 입안의 제안

① **제안자** : 주민 또는 이해관계자

② **제안사항 및 토지소유자의 동의**

제안사항	동 의
㉠ [15)]반시설의 설치 · 정비 또는 개량	[16)]
㉡ [17)]구단위계획(구역)	
㉢ 지구단위계획으로 대체하는 용도지구	[18)]
㉣ [19)]발진흥지구 − [20)]업 · [21)]통 기능 중심 ⇨ [22)]업 · 유통개발진흥지구	
㉤ 도시 · 군계획시설[23)]체복합구역	[24)]

※ 산업 · 유통개발진흥지구의 제안 요건

  • 면적은 [25)]m^2 이상 [26)]m^2 미만일 것

  • 자연녹지지역 · 계획관리지역 · 생산관리지역일 것

  • 계획관리지역의 비율이 100분의 50 이상일 것

③ **형식** : 도시 · 군관리계획도서와 계획설명서 첨부

ⓔ **반영여부의 통보** : ☐27), 1회에 한하여 ☐28) 연장

⑤ **입안 · 결정 비용** : 제안자에게 부담 ☐29)

2. 수립절차

(1) **입안** : 기초조사 ─ ☐30) ─ 의회의견

① **기초조사(하여야 한다)** : ☐31) **검토**, ☐32) **평가**, ☐33) **분석** 포함
   ─ ☐34) 에 위치, ☐35) 가 없는 경우 ⇨ 기초조사, 환경성 검토, 토지 적성평가 또는 재해취약성분석을 하지 아니할 수 있다.

② **주민의견** : 공고(2 이상 신문) · 열람(14일) ─ 의견제출(열람기간 내) ─ 통보 (60일 내)

ⓒ **의회의견**(☐36) 지역 · 지구 · 구역, 기반 ☐37))

(2) **결정** : 협의 ─ 심의 ─ 고시 · 열람

① **협의** : 관계 행정기관, 30일 내 의견제시

② **심의** : 도시계획위원회 심의
   ─ ☐38) : 건축위원회와 도시계획위원회가 **공동심의**

※ 절차의 생략 : ☐39) 한 변경, 국방상 기밀(관계 중앙행정기관의 ☐40) 이 있는 경우에 한함)

3. 도시 · 군관리계획의 효력

(1) **효력발생시기** : ☐41) 을 고시한 ☐42)

(2) **기득권보호** : 결정 ☐43) 이미 사업 · 공사에 ☐44)

① **원칙** : 계획 결정에 ☐45) 사업 · 공사를 계속

② **예외** : **시가화조정구역 · 수산자원보호구역** ⇨ ☐46) 이내에 ☐47)

(3) **지형도면의 작성 · 고시**

① **작성자**
   ㉠ 원칙 : 특별시장 · 광역시장 · 시장 · 군수
   ㉡ 예외 : 국토교통부장관(수산자원보호구역은 해양수산부장관), 도지사

② **승인** : **시장(대도시 시장 제외) · 군수** ⇨ ☐48)
   ─ ☐49) 계획 : 승인을 받지 아니한다.

27) 45일
28) 30일
29) 시킬 수 있다.
30) 주민의견
31) 환경성
32) 토지적성
33) 재해취약성
34) 도심지
35) 나대지
36) 용도
37) 시설
38) 지구단위계획
39) 경미
40) 요청
41) 지형도면
42) 날부터
43) 당시
44) 착수
45) 관계없이
46) 3개월
47) 신고
48) 도지사
49) 지구단위

③ **지형도면의 고시**: 국토교통부장관, 시·도지사 또는 대도시 시장

(4) **타당성검토**: ┌50)┐ 마다

제 5 절   공간재구조화계획

1. 공간재구조화계획의 수립권자

(1) **공간재구조화계획의 목적**: 다음의 용도구역 지정 및 계획 수립

① ┌ 1) ┐구역 및 ┌ 2) ┐계획

② ┌ 3) ┐구역 및 ┌ 4) ┐계획

③ 도시·군계획시설┌ 5) ┐구역(① 또는 ②와 함께하는 경우로 한정)

(2) **입안권자**

① **원칙**: 특별시장·광역시장·시장·군수

② **예외**: 국토교통부장관, 도지사

(3) **결정권자**

① **원칙**: ┌ 6) ┐ cf. 대도시 시장 ┌ 7) ┐

② **예외**: 국토교통부장관

(4) **공간재구조화계획 입안의 제안**

① **제안자**: 주민 또는 이해관계자

② **제안사항 및 토지소유자의 동의**

제안사항	동 의
㉠ **도**시혁신구역의 지정	┌ 8) ┐ 이상
㉡ **복**합용도구역의 지정	
㉢ 도시·군계획시설**입**체복합구역의 지정(㉠ 또는 ㉡와 함께하는 경우로 한정)	┌ 9) ┐ 이상

③ **형식**: 공간재구조화계획도서와 계획설명서 첨부

④ **제3자 제안을 위한 공고**

㉠ **국·공유재산**의 면적이 용도구역 면적의 ┌ 10) ┐을 초과하는 경우

ⓔ 90일 이상의 기간을 정하여 제안 내용의 개요를 공고

⑤ **반영여부의 통보**: ⎣11)⎦일 이내, 1회에 한정하여 ⎣12)⎦일 연장

⑥ **입안·결정 비용**: 제안자 또는 제3자에게 부담 ⎣13)⎦

2. 수립절차

(1) **입안**: 도시·군관리계획 절차 준용(기초조사 − 주민의견 − 의회의견)

  • **기초조사 등 생략**: ⎣14)⎦ 이내에 실시한 경우

(2) **결정**: 협의 − 심의 − 고시·열람

  ① **협의**: 30일내 의견제시(도시혁신구역은 근무일 기준으로 ⎣15)⎦일)

  ② **중앙도시계획위원회의 심의사항**: 용도구역 지정 및 입지 타당성

3. 공간재구조화계획 결정의 효력

(1) **효력발생시기**: ⎣16)⎦을 고시한 ⎣17)⎦

(2) **도시·군관리계획 등 의제**

  ① 공간재구조화계획 결정의 고시를 한 경우에 ⎣18)⎦계획의 수립·변경과 ⎣19)⎦계획의 결정·고시를 한 것으로 본다.

  ② 고시된 공간재구조화계획의 내용은 도시·군계획으로 관리하여야 한다.

(3) **기득권보호**: 결정 ⎣20)⎦ 이미 사업·공사에 ⎣21)⎦ ⇨ 계획 결정에 ⎣22)⎦ 사업·공사를 계속

11) 45
12) 30
13) 시킬 수 있다.
14) 5년
15) 10
16) 지형도면
17) 날부터
18) 도시·군기본
19) 도시·군관리
20) 당시
21) 착수
22) 관계없이

제6절 용도지역 · 용도지구 · 용도구역

1. 용도지역

(1) **용도지역의 지정**: 국토교통부장관, 시 · 도지사 또는 대도시 시장이 도시 · 군관리계획으로 결정

용도지역의 구분				지정목적
도시지역				인구 · 산업 밀집
	주거지역			거주의 안녕, 건전한 생활환경의 보호
		전용주거지역		1) 한 주거환경
			제1종전용주거지역	2) 주택 중심
			제2종전용주거지역	3) 주택 중심
		일반주거지역		4) 한 주거환경
			제1종일반주거지역	5) 주택 (4층 이하, 단지형은 5층)
			제2종일반주거지역	6) 주택
			제3종일반주거지역	7) 주택
		준주거지역		주거 + 8)
	상업지역			상업 그 밖의 업무의 편익증진
		중심상업지역		9) 의 업무 및 상업기능
		일반상업지역		10) 적 상업 및 업무기능
		근린상업지역		11) 지역에서 일용품 · 서비스의 공급
		유통상업지역		도시 내 및 지역간 12) 기능
	공업지역			공업의 편익증진
		전용공업지역		중화학 · 13) 성
		일반공업지역		14) 을 저해하지 아니하는 공업
		준공업지역		경공업 + 15)
	녹지지역			자연환경보호, 보안, 도시확산방지
		보전녹지지역		도시의 자연환경 · 경관 · 산림 등 16)
		생산녹지지역		17) 적 생산을 위하여 개발을 유보
		자연녹지지역		18) 용지 공급
관리지역				도시 · 농림 · 자연환경보전지역에 준하여
	계획관리지역			19) 지역으로의 편입이 예상
	생산관리지역			20) 지역으로 지정 곤란
	보전관리지역			21) 지역으로 지정 곤란
농림지역				농림업의 진흥과 산림의 보전
자연환경보전지역				자연환경 등의 보전

※ **조례에 따른 용도지역의 추가세분**: 22) 지역 · 23) 지역 · 24) 지역 · 25) 지역

⑵ 용도지역의 지정특례

① **공유수면매립지**(바다) : 매립목적이 이웃한 용도지역의 내용과 ⎴26)⎴
　⇨ 이웃한 용도지역으로 지정된 것으로 ⎴27)⎴.

② **도시지역 지정의제** : 결정·고시된 것으로 본다.

　㉠ 항만구역으로서 ⎴28)⎴ 된 공유수면
　㉡ 어항구역으로서 ⎴29)⎴ 된 공유수면
　㉢ ⎴30)⎴산업단지, ⎴31)⎴산업단지, ⎴32)⎴산업단지
　㉣ ⎴33)⎴지구
　㉤ ⎴34)⎴구역 및 예정구역(⎴35)⎴발전소, 송·변전설비 제외)

③ **관리지역 특례**(결정·고시된 것으로 본다)

　㉠ 관리지역에서 농업진흥지역 ⇨ 농림지역으로
　㉡ 관리지역의 보전산지 ⇨ 농림지역 또는 자연환경보전지역으로

⑶ 용도지역별 행위제한

① **용도지역에서의 건축제한** : 대통령령으로 정한다.

② **용도지역별 건폐율과 용적률**

용도지역			건폐율(이하)	용적률(이하)
도시지역	주거지역	전용주거지역 — 제1종전용주거지역	36)	37)
		전용주거지역 — 제2종전용주거지역	50%	150%
		일반주거지역 — 제1종일반주거지역	60%	200%
		일반주거지역 — 제2종일반주거지역	60%	250%
		일반주거지역 — 제3종일반주거지역	38)	39)
		준주거지역	70%	40)
	상업지역	중심상업지역	41)	42)
		일반상업지역	80%	1,300%
		근린상업지역	70%	900%
		유통상업지역	43)	1,100%
	공업지역	전용공업지역	44)	300%
		일반공업지역	70%	350%
		준공업지역	70%	45)
	녹지지역	보전녹지지역	46)	47)
		생산녹지지역	20%	48)
		자연녹지지역	20%	49)
관리지역		보전관리지역	20%	80%
		생산관리지역	20%	80%
		계획관리지역	50)	51)
농림지역			20%	80%
자연환경보전지역			20%	80%

26) 같으면
27) 본다
28) 도시지역에 연접
29) 도시지역에 연접
30) 국가
31) 일반
32) 도시첨단
33) 택지개발
34) 전원개발사업
35) 수력
36) 50%
37) 100%
38) 50%
39) 300%
40) 500%
41) 90%
42) 1,500%
43) 80%
44) 70%
45) 400%
46) 20%
47) 80%
48) 100%
49) 100%
50) 40%
51) 100%

※ 용도지역별 행위제한의 특례

① 특정지역에서의 건폐율·용적률

구 분	건폐율	용적률
취락지구	52)	—
도시지역 외의 개발진흥지구	53)	54)
수산자원보호구역	55)	56)
자연공원	57)	58)
농공단지	59)	60)
국가·일반·도시첨단산업단지	61)	—

※ 자연녹지지역의 개발진흥지구에서의 건폐율: 62)

※ 계획관리지역의 산업·유통개발진흥지구에서의 건폐율: 63)

　　─ 건폐율 암기: 개수4, 취자6, 농7, 산8

　　─ 용적률 암기: 개백, 자백

② 용도지역 미지정·미세분(64)) 지역에서의 행위제한

　㉠ 미지정: 자연환경 65) 지역의 규정을 적용

　㉡ 도시지역 미세분: 66) 녹지지역의 규정을 적용

　㉢ 관리지역 미세분: 67) 관리지역의 규정을 적용

③ 도시지역에서 적용배제: 접도구역, 농지취득자격증명

52) 60%
53) 40%
54) 100%
55) 40%
56) 80%
57) 60%
58) 100%
59) 70%
60) 150%
61) 80%
62) 30%
63) 60%
64) 지정되지 아니한
65) 보전
66) 보전
67) 보전

2. 용도지구

(1) **용도지구의 지정** : 국토교통부장관, 시·도지사 또는 대도시 시장이 도시·군 관리계획으로 결정

① **용도지구의 종류 및 세분**

용도지구	내 용
경관지구	경관의 보전·관리·형성
1) 연	산지·구릉지
2) 가지	주거지·중심지 등 시가지의 경관
3) 화	수변, 문화적 보존가치가 큰 **건축물** 주변의 경관 등 특별한 경관
취락지구	취락을 정비하기 위한 지구
4) 단	**개발제한구역** 안의 취락 정비
5) 연	녹지지역 등 안의 취락 정비
6) 호	녹지지역 등 안의 취락, **농촌의 주거환경** 보호 등을 목적으로 정비
보호지구	문화재 등의 보호·보존
7) 사문화환경	문화적 보존가치가 큰 **시설 및 지역 보호**
8) 요시설물	중요시설물(**항만·공항·공용·교정·군사**) 보호
9) 태계	생태적으로 보존가치가 큰 지역 보호
고도지구	건축물의 높이의 최고한도
복합용도지구	특정시설의 **입지 완화** − 대상 : **일반주거·일반공업·계획관리지역** − 지정범위 : 해당 용도지역의 1/3
특정용도제한지구	특정시설의 **입지 제한**
방재지구	풍수해 등의 재해 예방
10) 가지	인구밀집지역, **시설개선**으로 재해예방
11) 연	해안변 등, **건축제한**으로 재해예방
방화지구	화재의 위험 예방
개발진흥지구	개발·정비
12) 거	주거기능 중심
13) 업·유통	공업 및 유통·물류기능 중심
14) 광·휴양	관광·휴양기능 중심
15) 합	**2 이상의 기능** 중심
16) 정	주거, 공업 등의 기능 **이외의 기능** 중심

② **시·도, 대도시의 조례로 용도지구 신설 가능(완화 17))**

③ **시·도, 대도시의 조례로 추가세분/세분** : 18 관지구 · 19) 화경관지구, 20) 요시설물보호, 21) 정용도제한지구

2. 용도지구

1) 자
2) 시
3) 특
4) 집
5) 자
6) 보
7) 역
8) 중
9) 생
10) 시
11) 자
12) 주
13) 산
14) 관
15) 복
16) 특
17) ×
18) 경
19) 특
20) 중
21) 특

cf. 리모델링을 위한 완화 : ⌷22⌷ 관지구, ⌷23⌷ 도지구

(2) 용도지구별 행위제한

① 용도지구에서의 행위제한은 특별시·광역시·시·군의 ⌷24⌷ 로 정할 수 있다.
　－ 도시·군계획조례가 정하는 건축물을 건축할 수 없다.
　cf. 보호지구 : 도시·군계획조례가 정하는 건축물에 한하여 건축할 수 있다.

② **고도지구** : 도시·군**관**리계획

③ **방화지구** : **건축법**

④ **개발진흥지구** : 대통령령으로 따로 정한다.
　㉠ 지구단위계획 또는 개발계획을 수립 : 지구단위계획 또는 개발계획에 위반할 수 없다.
　㉡ 지구단위계획 또는 개발계획을 미수립 : 용도지역에서 허용되는 건축물을 건축할 수 있다.

⑤ **복합용도지구** : 대통령령으로 따로 정한다.
　－ 용도지역에서 허용되는 건축물 외에 도시·군계획조례가 정하는 건축물을 건축할 수 있다.

⑥ **취락지구** : 대통령령으로 따로 정한다.
　㉠ 자연취락지구 : 국토계획법 시행령
　㉡ 보호취락지구 : 국토계획법 시행령
　㉢ **집**단취락지구 : **개**발제한구역의 지정 및 관리에 관한 특별조치법

3. 용도구역

(1) 개발제한구역

① **지정목적** : (i) 도시의 무질서한 ⌷1)⌷ , (ii) 도시주변의 자연환경 보전, (iii) 도시민의 건전한 생활환경 확보, (iv) ⌷2)⌷ 상 도시개발 제한

② **지정권자** : ⌷3)⌷ , 도시·군관리계획으로 결정

③ **행위제한** : 따로 법률로 정한다.

(2) 도시자연공원구역

① **지정목적** : **도시**의 **자연**환경·경관 보호, **여가·휴식**공간 제공, 식생이 양호한 산지의 개발제한

② **지정권자**: ☐4)☐ 또는 ☐5)☐, 도시·군관리계획으로 결정

③ **행위제한**: 따로 법률로 정한다.

(3) 시가화조정구역

① **지정목적**: 도시지역과 그 주변지역의 **무질서한** ☐6)☐를 **방지**하고 계획적·**단계적**인 **개발**을 도모

② **지정권자**

㉠ 원칙: ☐7)☐, 도시·군관리계획으로 결정

㉡ 예외: 국가계획과 연계 ⇨ ☐8)☐

③ **시가화유보기간**: ☐9)☐

④ **실효**: **시가화유보기간**이 끝난 날의 **다음날**

⑤ **행위제한**: 일부행위는 허가를 받아 할 수 있다.

cf. 시가화조정구역에서 경미한 행위 ⇨ ☐10)☐

(4) 수산자원보호구역

① **지정대상**: 공유수면 또는 인접 토지

② **지정권자**: ☐11)☐, 도시·군관리계획으로 결정

③ **행위제한**: ☐12)☐

(5) 도시혁신구역

① **도시혁신구역의 지정**

㉠ 지정권자: 공간재구조화계획 결정권자(국토교통부장관, 시·도지사)

㉡ 지정대상

ⓐ 주요 기반시설과 연계하여 지역의 ☐13)☐ 역할을 수행할 수 있는 지역

ⓑ 도시·군기본계획에 따른 도심·부도심 또는 생활권의 ☐14)☐지역

ⓒ ☐15)☐토지 또는 대규모 시설의 이전부지

② **도시혁신구역의 지정 및 도시혁신계획의 결정**

㉠ ☐16)☐계획으로 결정

㉡ 다른 법률에서 의제하더라도 이 법에 따르지 아니하고 결정할 수 ☐17)☐다.

㉢ 관계 행정기관의 장과 협의: ☐18)☐일(근무일 기준) 이내에 의견을 회신

③ **행위제한**: ☐19)☐으로 따로 정한다.

④ **도시혁신구역에서의 건축 등**: 도시혁신계획에 맞게 (가설건축물은 제외)

4) 시·도지사
5) 대도시시장
6) 시가화
7) 시·도지사
8) 국토교통부장관
9) 5년 이상 20년 이내
10) 허가
11) 해양수산부장관 또는 시·도지사
12) 수산자원관리법
13) 거점
14) 중심
15) 유휴
16) 공간재구조화
17) 없
18) 10
19) 도시혁신계획

⑤ **실효** : 지구단위계획구역 및 지구단위계획의 실효에 관한 규정을 준용

⑥ **지정의제**

 ㉠ **도시혁신구역** 지정 ▷ [20)]**구역**으로 지정된 것으로 본다.

 ㉡ **도시혁신구역** 및 도시혁신계획 결정의 고시 ▷ **도시개발구역**의 지정 및 개발계획 수립의 고시로 본다.

⑦ **적용 특례** : 도시혁신계획으로 **따로 정할 수 있다.**

 ㉠ 「학교용지 확보 등에 관한 특례법」에 따른 [21)]용지의 조성·개발 기준

 ㉡ 「주택법」에 따른 [22)]택의 배치, 부대시설 등의 설치기준 및 대지조성기준

 ㉢ 「문화예술진흥법」에 따른 건축물에 대한 [23)]작품의 설치

 ㉣ 「건축법」에 따른 [24)]개 공지 등의 확보

 ㉤ 「주차장법」에 따른 [25)]설주차장의 설치

 ㉥ 「도시공원 및 녹지 등에 관한 법률」에 따른 도시[26)] 또는 녹지 확보기준

⑹ 복합용도구역

① **복합용도구역의 지정**

 ㉠ 지정권자 : 공간재구조화계획 결정권자

 ㉡ 지정대상

  ⓐ 산업구조 또는 경제활동의 변화로 [27)]적 토지이용이 필요한 지역

  ⓑ 둘 이상의 용도지역에 걸치는 경우로서 건축물의 용도, 종류 및 규모 등을 [28)]적으로 관리할 필요가 있는 지역

  ⓒ 노후 건축물 등이 밀집하여 단계적 [29)]가 필요한 지역

② **복합용도구역의 지정 및 복합용도계획** : [30)]계획으로 결정

③ **행위제한** : [31)]**지역**에서 허용되는 범위에서 **복합용도계획으로 따로** 정한다.

④ **복합용도구역에서의 건축 등** : 복합용도계획에 맞게(가설건축물은 제외)

⑤ **실효** : 지구단위계획구역 및 지구단위계획의 실효에 관한 규정을 준용

⑥ **지정의제** : **복합용도구역** 지정 ▷ [32)]**구역**으로 지정된 것으로 본다.

⑺ 도시·군계획시설입체복합구역

① **도시·군계획시설입체복합구역의 지정**

 ㉠ 지정권자 : [33)]**계획**의 **결정권자**

 ㉡ 지정대상

20) 특별건축
21) 학교
22) 주
23) 미술
24) 공
25) 부
26) 공원
27) 복합
28) 통합
29) 정비
30) 공간재구조화
31) 도시
32) 특별건축
33) 도시·군관리

ⓐ 도시·군계획시설 **준공 후** 34) **년이 경과**한 경우로서 해당 시설의 개량 또는 정비가 필요한 경우

ⓑ 기반시설의 복합적 이용이 필요한 경우

ⓒ 첨단기술을 적용한 새로운 형태의 기반시설 구축 등이 필요한 경우

② **입체복합구역의 행위제한** : 대통령령으로 정하는 범위(건폐율과 용적률은 용도지역별 최대한도의 200퍼센트 이하)에서 따로 정할 수 있다.

건축제한	건폐율	용적률	건축물 높이
• 도시지역 : 도시지역에서 허용되는 범위 • 도시지역 외 : 계획관리지역에서 허용되는 범위	35) %	36) %	• 가로구역별 높이 : 37) % • 채광 확보를 위한 공동주택 높이 : 38) %

<table><tr><td>제**7**절</td><td>**도시·군계획시설**</td></tr></table>

제7절 도시·군계획시설

1. 도시·군계획시설의 설치 및 관리

(1) 도시·군계획시설의 설치

① **원칙** : 미리 1) **계획으로 결정**

② **예외** : 계획 결정 없이 설치

(2) 도시·군계획시설의 관리

① **국가가 관리** : 대통령령(중앙관서의 장이 관리)

② **지방자치단체가 관리** : 조례

(3) 공동구의 설치

① **공동구설치의무** : 2) 만m² 초과 도시개발구역 등

② **공동구안전 및 유지관리계획** : 3) 마다 수립·시행

③ **공동구협의회의 심의를 거쳐 수용할 수 있는 시설** : 4) , 5)

34) 10
35) 150
36) 200
37) 150
38) 200

제7절 도시·군계획시설

1) 도시·군관리
2) 200
3) 5년
4) 가스관
5) 하수도관

2. 도시 · 군계획시설사업

(1) 단계별 집행계획

① **수립권자**
　　㉠ 원칙 : [6)] · [7)] · [8)] · [9)]
　　㉡ 예외 : 국토교통부장관, 도지사

② **수립시기** : [10)] 내(예외 － 2년)

③ **절차** : 협의, 의회의견 － 공고(특 · 광 · 시 · 군)

④ **계획의 구분**
　　㉠ 1단계 집행계획과 2단계 집행계획으로 구분
　　㉡ [11)] 내 시행 － 1단계, [12)] 후 시행 － 2단계

(2) 시행자

① **원칙** : [13)] · [14)] · [15)] · [16)]

② **예외** : 국토교통부장관, 도지사

③ **비행정청인 시행자** : 시행자로 지정 받아 시행가능
　　－ [17)] **시행자 지정** : 면적 3분의 2 이상의 토지를 소유, 토지소유자 총수
　　　2분의 1 이상의 **동의**

(3) 실시계획

① [18)] 는 실시계획을 작성하여야 한다.

② **인가권자** : [19)] , [20)] 또는 [21)]

③ 기반시설 설치 등의 조치를 **조건으로** 인가할 수 [22)] .

④ **이행보증금 예치** : 국가 · 지자체 등은 제외

⑤ **실시계획 실효** : **10**년 이후 **실**시계획 작성 · 인가 ⇨ **5**년내 **재**결신청 안 하면
　　－ 5년 지난 다음 날 실효
　　cf. 2/3 이상 토지사용권 확보 ⇨ 7년 내 재결신청

(4) 시행자 보호조치

① 분할시행

② 서류열람(무료)

③ 공시송달(비행정청은 국토교통부장관, 시 · 도지사 또는 대도시시장의 승인)

6) 특별시장
7) 광역시장
8) 시장
9) 군수
10) 3개월
11) 3년
12) 3년
13) 특별시장
14) 광역시장
15) 시장
16) 군수
17) 민간
18) 시행자
19) 국토교통부장관
20) 시 · 도지사
21) 대도시 시장
22) 있다

④ 수용·사용

⑤ 타인토지에의 출입

⑥ 국·공유지 처분제한: 위반시 무효

⑸ **수용**

① 시행자는 물건과 권리를 수용·사용할 수 있다.

② 인접토지를 일시 ⌈ 23) ⌉ 할 수 있다.

③ ⌈ 24) ⌉ 준용

④ **사업인정 의제**: ⌈ 25) ⌉ 고시가 있은 때

⑤ **재결신청**: 사업시행기간 이내

⑹ **타인토지출입**

① **출입목적 등**

  ㉠ 출입권자: 국토교통부장관, 시·도지사, 시장·군수, 도시·군계획시설사업의 시행자

  ㉡ 출입목적: 도시·군계획 등에 관한 기초조사, 도시·군계획시설사업의 시행 등

  ㉢ 허용행위: 출입, 일시사용, 장애물 변경·제거

② **절차**

  ㉠ 출입절차: 특별시장·광역시장·시장·군수의 ⌈ 26) ⌉ − ⌈ 27) ⌉ **전 통지**(소유자 등)

    cf. ⌈ 28) ⌉ 인 시행자: **허가 없이 출입**할 수 있다.

  ㉡ 일시사용, 장애물 변경·제거 절차: 소유자·점유자·관리인 ⌈ 29) ⌉ − ⌈ 30) ⌉ **전 통지**(소유자 등)

    − 주소 불명 등으로 동의를 받을 수 없는 때에는

    • 행정청: 특별시장·광역시장·시장·군수에게 통지

    • 비행정청: 특별시장·광역시장·시장·군수의 허가

  ㉢ **일출전·일몰후** 택지 등에 출입: **점유자의 승낙 없이 출입할 수 없다.**

  ㉣ 수인의무(방해·거부 금지): 점유자

③ **토지에의 출입 등에 따른 손실보상**

  ㉠ 보상 의무자: 행위자가 속한 ⌈ 31) ⌉, 시행자

  ㉡ 보상 절차: 협의 − 재결신청

23) 사용
24) 공익사업을 위한 토지등의 취득 및 보상에 관한 법률
25) 실시계획
26) 허가
27) 7일
28) 행정청
29) 동의
30) 3일
31) 행정청

3. 장기미집행 시설에 대한 조치

(1) 도시·군계획시설부지에서의 개발행위

① **원칙**: 건축물 건축, 공작물 설치 허가 금지

② **장기미집행 시 특례**: 32) 내 사업시행 × + 단계별 집행계획 수립 ×, 또는 제1단계 집행계획 ×

　ㄱ 33)

　ㄴ 도시·군계획시설 설치에 지장이 없는 공작물

　ㄷ 개축·재축

(2) 도시·군계획시설부지의 매수청구

① **매수청구사유**: 34) 내 사업시행 ×

　cf. 실시계획의 인가가 있는 경우는 제외

② **매수청구자**: 지목이 35) 인 토지(건축물·정착물 포함)의 소유자

③ **매수청구의 상대방**

　ㄱ 원칙: 36) · 37) · 38) · 39)

　ㄴ 예외: 시행자, 설치관리의무자(설치, 관리의무자가 다른 경우 40) 의무자)

④ **매수여부의 통지의무**

　ㄱ 41) 이내에 매수여부 통지

　ㄴ 통지한 날부터 42) 이내에 매수

⑤ **매수대금의 지급**

　ㄱ 원칙: 현금

　ㄴ 예외: 43) 가 **도시·군계획시설채권** 발행

　　－ 토지 소유자가 **원하는 경우**

　　　－ 44) **원 초과**하는 경우 그 초과하는 금액

　ㄷ 도시·군계획시설채권의 상환기간: 45) 이내

　ㄹ 이율: 46)

　ㅁ **채**권발행은 47) 법 준용

⑥ **가격·절차**: 48) 준용

⑦ **매수 안하는 경우 허용행위**(개발행위허가 필요)

　ㄱ 49) 주택으로서 50) 층 이하

32) 2년
33) 가설건축물
34) 10년
35) 대
36) 특별시장
37) 광역시장
38) 시장
39) 군수
40) 설치
41) 6개월
42) 2년
43) 지방자치단체
44) 3천만
45) 10년
46) 조례
47) 지방재정
48) 공익사업을 위한 토지등의 취득
　　 및 보상에 관한 법률
49) 단독
50) 3

ㄴ 제1종 근린생활시설로서 3층 이하

ㄷ 제2종 근린생활시설(**다**중생활시설, **단**란주점, **노**래연습장, **안**마시술소는 **제외**)로서 3층 이하

ㄹ 공작물

(3) **도시·군계획시설결정의 실효**: 51) 이 되는 날의 다음날

제**8**절 지구단위계획

1. 지구단위계획구역의 지정

(1) **지정권자**: 국토교통부장관, 시·도지사, [1)]

(2) **임의 지정대상**: 지정할 수 있다.

① 용도 [2)]

② 도시[3)]구역, 정비구역, 택지개발지구, 시범도시 등

③ 개발제한구역·도시자연공원구역·시가화조정구역·공원에서 해제되는 구역

(3) **의무 지정대상**: 지정하여야 한다.

① [4)]비구역, [5)]지개발지구에서 사업이 끝난 후 [6)]이 경과된 지역

② [7)]원, [8)]가화조정구역에서 [9)]제되는 지역으로 면적이 [10)]만m² 이상 지역

③ [11)]지에서 [12)]거·상업·공업으로 변경되는 [13)]만m² 이상 지역

(4) **도시지역 외에서의 지정**

① **50% 이상이** [14)] **지역**: 나머지 용도지역은 생산관리지역 또는 [15)] 지역일 것

※ 다음의 면적요건에 해당할 것

아파트·연립주택 포함	[16)] m² 이상
아파트·연립주택 포함 자연보전권역, 초등학교 용지확보	[17)] m² 이상
기타의 경우	[18)] m² 이상

---

51) 20년

제8절 지구단위계획

1) 시장·군수
2) 지구
3) 개발
4) 정
5) 택
6) 10년
7) 공
8) 시
9) 해
10) 30
11) 녹
12) 주
13) 30
14) 계획관리
15) 보전관리
16) 30만
17) 10만
18) 3만

② **개발진흥지구** : 다음의 지역에 위치할 것

19) 거개발진흥지구 복합개발진흥지구(주거기능 포함) 20) 정개발진흥지구	21) 획관리지역
산업 · 유통개발진흥지구 복합개발진흥지구(주거기능이 포함되지 않은 경우)	계획관리지역 생산관리지역 농림지역
관광 · 휴양개발진흥지구	도시지역 외의 지역

③ 용도지구 폐지 ⇨ 행위제한을 지구단위계획으로 대체하려는 지역

2. 지구단위계획의 내용 등

(1) 지구단위계획의 내용(의무포함사항)

① ［ 22) ］의 배치와 규모

② 건축물의 ［ 23) ］제한, ［ 24) ］, ［ 25) ］, ［ 26) ］

(2) 지구단위계획에 의한 완화

※ **도시지역 외의 지역에서의 완화**

－ 용도지역 · 개발진흥지구의 건폐율 × ［ 27) ］%

－ 용도지역 · 개발진흥지구의 용적률 × ［ 28) ］%

(3) 지구단위계획구역의 실효 : ［ 29) ］년

(4) 지구단위계획의 실효 : ［ 30) ］년

제 **9** 절 개발행위허가 등

1. 개발행위허가

(1) 허가권자 : ［ 1) ］ · ［ 2) ］ · ［ 3) ］ · ［ 4) ］

(2) 허가대상 : ［ 5) ］사업에 의하지 아니한 행위

① ［ 6) ］의 건축

② ［ 7) ］의 설치

③ **토지** ［ 8) ］（［ 9) ］을 위한 토지형질변경을 제외）

※ 경작을 위한 토지의 형질변경

- 지목변경되면 허가대상(10) 사이의 변경 제외)

- 옹벽설치, 2m 이상 절토·성토 시 허가대상

④ **토석** 11) (토지형질변경을 목적으로 하는 것을 제외)

⑤ **토지** 12) : 건축물이 없는 토지

㉠ 녹지지역 등에서 **허**가·인가 등이 없는 토지분할

㉡ 분할제한**면**적 미만으로의 토지분할

㉢ **5**미터 이하로의 토지분할

⑥ **적치** : 녹지·관리·자연환경보전지역에 울타리 밖에 물건을 13) 이상 쌓아놓는 행위

(3) 허가사항의 변경

① **원칙** : 변경하는 경우에도 14) 받아야 한다.

② **경미한 사항의 변경** : 특·광·시·군에 통지

- 사업기간 15) 축, 사업면적 16) % 축소, 허용 오차의 반영, 법개정등으로 17) 가피하게 변경하는 경우

(4) 허가의 예외

① **재해복구·재난수습을 위한 응급조치** ⇨ 1개월 내 18)

② **경미한 행위**

㉠ 공작물 : 농·어업용 19) (20) 제외)

㉡ 토지의 형질변경 : 21) 된 대지에서 형질변경

㉢ 토지분할

ⓐ 22) 미터 이하로 이미 분할된 토지의 분할제한면적 이상으로의 분할

ⓑ 23) 로 하거나 공공시설로 사용하기 위한 토지

ⓒ 24) 시설로 지형도면고시가 된 토지

ⓓ 용도폐지되는 25) 재산, 일반재산의 매각·교환·양여

ⓔ 26) 개설허가를 받은 토지

(5) 허가절차

① **신청서제출** : 기반시설 설치 등의 계획서를 첨부

- 27) 구역 안에서는 기반시설의 설치에 관한 계획서 제출하지 아니한다.

10) 전·답
11) 채취
12) 분할
13) 1개월
14) 허가
15) 단
16) 5
17) 불
18) 신고
19) 비닐하우스
20) 양식장
21) 조성완료
22) 5
23) 국·공유지
24) 도시·군계획
25) 행정
26) 사도
27) 개발밀도관리

② ⬚28) 일 이내에 허가 또는 불허가의 처분

(6) 이행보증금의 예치

① **예치사유** : **기**반시설, **붕**괴, **낙**석, **오**염, **비**탈면조경

② **예외**(예치×) : 국가, 지방자치단체, 공공기관 등

③ **예치범위** : 총 공사비의 ⬚29) % 이내

④ **예치방법** : 현금(보증서로 갈음할 수 있다.)

⑤ **반환** : 준공검사 받은 때 즉시 반환
　　　－ 이행보증금의 사용 : 대집행 비용

(7) 허가의 면적기준 : 토지의 형질변경면적

① **도시지역**
　　ㄱ 주거 · 상업 · 자연녹지 · 생산녹지 : ⬚30) m² 미만
　　ㄴ 공업지역 : ⬚31) m² 미만
　　ㄷ 보전녹지지역 : ⬚32) m² 미만

② **관리지역** : ⬚33) m² 미만

③ **농림지역** : ⬚34) m² 미만

④ **자연환경보전지역** : ⬚35) m² 미만

(8) 개발행위허가의 제한

① **제한권자** : 국토교통부장관, 시 · 도지사, 시장 · 군수

② **제한사유**
　　ㄱ 녹지지역 · 계획관리지역으로서 수목 · 조수류 · 우량농지 등 보전 필요
　　ㄴ 주변환경 · 경관 · 미관 등의 오염, 손상 우려
　　ㄷ 도시 · 군기본계획 · 도시 · 군관리계획을 수립 중
　　ㄹ 지구단위계획구역
　　ㅁ ⬚36) 구역

③ **제한기간** : ⬚37) 이내
　　－ ㄷㄹㅁ의 경우 1회에 한하여 ⬚38) 범위내에서 연장

④ **절차** : 시장 · 군수 의견 － 심의 － 고시
　　－ 기간 연장 : 심의 ⬚39) 연장

28) 15
29) 20
30) 1만
31) 3만
32) 5천
33) 3만
34) 3만
35) 5천
36) 기반시설부담
37) 3년
38) 2년
39) 없이

(9) **준공검사** : 특별시장 · 광역시장 · 시장 · 군수

  cf. 토지분할과 적치는 준공검사 대상이 [40)]

2. 성장관리계획

(1) **성장관리계획구역**

  ① **지정권자** : 특별시장 · 광역시장 · 시장 또는 군수

  ② **지정대상** : [1)] · [2)] · [3)] · [4)]지역

   • 지역 · 지구등의 변경으로 토지이용에 대한 행위제한이 [5)]되는 지역
   • 난개발의 방지와 체계적인 관리가 필요한 지역
     − 인구 감소 등으로 압축적 · 효율적 도시성장관리가 필요한 지역
     − 공장 등과 입지 분리 등을 통해 쾌적한 주거환경 조성이 필요한 지역

  ③ **절차** : [6)] − 의회의견 − 협의 − 심의 − 고시
     − 의회는 60일 이내에 의견을 제시

(2) **성장관리계획의 수립**

  ① **수립권자** : 특별시장 · 광역시장 · 시장 또는 군수

  ② **성장관리계획으로 완화**

용도지역	건폐율	용적률
계획관리지역	[7)]	[8)]
생산관리 · 농림 · 자연녹지 · 생산녹지지역	[9)]	

  ③ **절차** : 성장관리계획구역의 지정절차 준용

  ④ **타당성검토** : [10)]마다

  ⑤ **성장**관리계획의 **수립기준** : 대**통**령령

(3) **성장관리계획구역에서의 개발행위** : 성장관리계획에 맞게 하여야 한다.

3. 개발밀도관리구역

(1) **의의** : 기반시설의 설치가 [1)]한 지역, 건폐율 · 용적률을 [2)]

(2) **지정권자** : [3)] · [4)] · [5)] · [6)]

(3) **지정대상** : [7)] · [8)] · [9)]지역

(4) **지정절차** : 심의 − 고시

40) 아니다.

2. 성장관리계획

1) 녹지
2) 관리
3) 농림
4) 자연환경보전
5) 완화
6) 주민의견
7) 50%
8) 125%
9) 30%
10) 5년

3. 개발밀도관리구역

1) 곤란
2) 강화
3) 특별시장
4) 광역시장
5) 시장
6) 군수
7) 주거
8) 상업
9) 공업

(5) **건폐율 또는 용적률의 강화**: **용적률**의 최대한도의 10) 범위 안에서 강화

(6) **지정기준**: 11) 이 정한다.

　－ 도로율 등 12) %, 13) 내 용량초과되는 지역에 지정

4. 기반시설부담구역

(1) **의의**: 개발밀도관리구역 1) 의 지역으로서 개발로 인하여 기반시설의 설치가 필요한 지역, 기반시설을 설치하거나 용지를 확보 2) 위하여 지정

(2) **기반시설부담구역의 지정**

① **지정권자**: 3) · 4) · 5) · 6)

② **지정대상**: 다음에 해당하는 지역에 지정하여야 한다.

　㉠ 법령 제정·개정으로 행위제한 7) ·해제되는 지역

　㉡ 용도지역 변경으로 행위제한 8) ·해제되는 지역

　㉢ 개발행위허가 건수가 9) 이상 증가한 지역

　㉣ 전년도 인구증가율이 10) 이상 높은 지역

　※ 개발행위 집중 ⇨ 지정할 수 있다.

③ **지정절차**: 11) － 심의 － 고시

④ **지정기준**: 12) 이 정한다.

　㉠ 최소 13) m^2 이상의 규모가 되도록 지정할 것

　㉡ 소규모 개발행위의 연접 시행 ⇨ 하나의 단위구역으로 묶어서 지정

⑤ **지정해제**: 14) 내 기반시설설치계획 수립 × ⇨ 15) 이 되는 날의 다음 날

(3) **기반시설설치계획**

① 특별시장·광역시장·시장·군수가 수립한다.

② 이를 도시·군관리계획에 반영하여야 한다.

③ 16) 구단위계획을 수립한 경우에는 17) 반시설설치계획을 수립한 것으로 18) 다.

(4) **기반시설설치비용**

① **부과대상**: 19) m^2 초과 건축물의 신·증축

② **부과권자**: 특별시장·광역시장·시장·군수

③ **부과시기**: **건축허가를 받은 날부터** 20) 이내

④ **납부시기**: **사용승인 신청시까지**

10) 50%
11) 국토교통부장관
12) 20
13) 2년

4. 기반시설부담구역

1) 외
2) 하게 하기
3) 특별시장
4) 광역시장
5) 시장
6) 군수
7) 완화
8) 완화
9) 20%
10) 20%
11) 주민의견
12) 국토교통부장관
13) 10만
14) 1년
15) 1년
16) 지
17) 기
18) 본
19) 200
20) 2개월

제1절 도시개발구역의 지정 등

1. 개발계획

(1) **수립권자**: [1)]

(2) **수립시기**: 원칙은 구역지정 전에 수립

　※ **예외**(구역지정 후 개발계획 **수립**): [2)], [3)]

　　㉠ 자연녹지지역·생산녹지지역, 도시지역 외의 지역

　　㉡ 주거·상업·공업지역의 면적이 [4)]% 이하인 지역

　　㉢ [5)]이 지정하고자 하는 지역

(3) **토지 소유자의 동의**: [6)]방식의 개발계획

　① **원칙**: 토지면적의 [7)] + 토지소유자 총수의 [8)]

　② **시행자가 국가·지자체인 경우**: 동의 [9)]

(4) **개발계획의 내용**

　① **구역지정 후 개발계획에 포함시킬 수 있는 사항**

　　㉠ [10)]의 기반시설 설치비용의 부담계획

　　㉡ 수용·사용의 대상인 토지·건축물 등의 [11)]

　　㉢ [12)] 등의 주거 및 생활 안정 대책

　　㉣ 순환개발 등 [13)] 사업추진 계획 등

　② 개발계획에는 지구단위계획은 포함되지 않는다.

(5) **작성기준**: 국토교통부장관

　※ [14)]만m² 이상인 도시개발구역: 복합기능 도모

제1절 도시개발구역의 지정 등

1) 지정권자
2) 공모
3) 미개발지
4) 30
5) 국토교통부장관
6) 환지
7) 3분의 2
8) 2분의 1
9) ×
10) 구역 밖
11) 세부목록
12) 세입자
13) 단계적
14) 330

2. 도시개발구역의 지정

(1) 지정권자

① 원칙 : [15)] 또는 [16)]

② 예외 : **국토교통부장관**

  ㉠ 관계 [17)] 앙행정기관의 장이 요청하는 경우

  ㉡ [18)]가가 도시개발사업을 실시할 필요가 있는 경우

  ㉢ 시·도지사의 [19)]가 성립되지 아니하는 경우

  ㉣ 공공기관·정부출연기관장이 제안 – [20)]만m² 이상

  ㉤ 천재지변 등으로 [21)]

③ **지정 요청** : (대도시 제외)시·군·구 ⇨ 시·도지사

④ **지정의 제안**

  ㉠ 제안자 : 시행자([22)] , [23)] , [24)] **제외**)

  ㉡ 제안의 상대방

    – 원칙 : 시·군·구청장에게 제안

    – 예외 : 공공기관·정부출연기관장이 [25)]만m² 이상으로 제안 ⇨ 국토교통부장관에게 직접 제안

  ㉢ 제안수용 여부의 통보 : [26)], 연장 [27)]

  ㉣ 비용 : 제안자에게 부담**시킬 수 있다.**

  ㉤ 동의 : [28)]이 제안 ⇨ **면적의 3분의 2**

(2) 지정기준

① **면적기준** : 도시개발구역으로 지정할 수 있는 면적

도시 지역안	– 주거·상업·자연녹지·생산녹지 : [29)]m² 이상
	– 공업지역 : [30)]m² 이상
도시 지역밖	– 원칙 : [31)]m² 이상
	– 아파트·연립주택 건설계획, 초등학교, 4차로 도로 : 10만m² 이상

② **자연녹지, 생산녹지, 도시지역 외에서 지정 기준**

※ 광역도시계획, 도시·군기본계획이 수립 × ⇨ 자연녹지지역, 계획관리지역에 한하여 지정

③ **면적기준의 적용 제외**

    ㉠ **국토교통부장관**이 지정하고자 하는 지역

    ㉡ **취**락지구, **개**발진흥지구, **지**구단위계획구역

(3) **지정절차** : 기초조사 − 주민의견청취 − 협의 − 심의 − 지정 · 고시 − 열람

① **기초조사** : 할 수 있다.

② **주민의견청취** : 공람 또는 공청회

    ㉠ 공람 : 공고(신문, 10만m² 미만은 지자체 공보) ⇨ 공람(14일) ⇨ 통보(30일)

    ㉡ **공청회** : | 32) |**m² 이상** ⇨ 개최하여야 한다.

      − 공고(14일 전), 지명하는 자가 주재

③ **협의** : 관계행정기관의 장

    − | 33) |**m² 이상** ⇨ **국토교통부장관과 협의**

④ **심의** : 도시계획위원회

⑤ 고시(지정권자) 및 열람(시 · 군 · 구, 14일 이상)

(4) **지정효과**

① **지정의제** : 도시지역 및 지구단위계획구역

    − 지구단위계획구역 및 취락지구에서는 예외

② **도시개발구역 내의 허가대상**

    ㉠ 허가대상 : 개발행위허가대상 + | 34) |

    ㉡ 허가예외 : 재해복구 · 재난수습, 농림수산용 간이공작물, 경작을 위한 토지형질변경, 개발에 지장이 없는 토석채취, 존치되는 대지안의 적치, 관상용 죽목의 **임시식재**(| 35) |**에서의 임시 식재**는 **제외**)

③ **기득권 보호** : 지정 · 고시 | 36) | 이미 사업 · 공사어 | 37) | ⇨ | 38) | 이내 신고

(5) **지정의 해제** : 다음날 해제된 것으로 본다.

① **원칙**

    ㉠ | 39) | 내 실시계획인가를 신청하지 아니하는 경우

    ㉡ 공사완료(환지처분)의 공고일

② **예외** : 구역 지정 후에 개발계획을 수립하는 경우

    ㉠ | 40) | 내 개발계획을 수립 · 고시하지 아니하는 경우

32) 100만
33) 50만
34) 죽목벌채 · 식재
35) 경작지
36) 당시
37) 착수
38) 30일
39) 3년
40) 2년

    ⓛ 개발계획을 수립·고시한 날부터 3년이 되는 날까지 실시계획의 인가를 신청하지 아니하는 경우

      ※ 면적 330만m² 이상인 경우: ⟨41)⟩

  ③ **해제효과**: 용도지역·지구단위계획구역은 환원·폐지

    ※ 공사완료(환지처분)에 의한 경우 ⇨ 환원 ✕

제2절   도시개발사업의 시행자

1. 시행자의 지정 등

(1) 시행자 지정: 지정권자가 지정

  ① 국가·지방자치단체

  ② **공공기관**: 토지주택공사, 수자원공사, 농어촌공사, 관광공사, 철도공사, 매입공공기관, 공항공사

  ③ 정부출연기관

  ④ 지방공사

  ⑤ 토지소유자

  ⑥ 조합(⟨1)⟩ 방식에 한함) 등

(2) 전부 환지방식의 시행자

  ① **원칙**: ⟨2)⟩ 또는 ⟨3)⟩

  ② **예외**: **지자체 등을 시행자로 지정**할 수 있다.

    ㉠ 1년 이내에 시행자 지정신청 ✕

    ㉡ 공공시설에 관한 사업과 병행

    ㉢ 토지면적의 2분의 1 및 총수 2분의 1 이상이 동의

(3) 시행자 변경: 시행자 ⟨4)⟩

  ① 실시계획 인가 후 ⟨5)⟩ 이내에 사업 착수 ✕

  ② 시행자 지정 취소, 실시계획 인가 취소

  ③ 시행자의 부도·파산

  ④ **환지방식**: ⟨6)⟩ 내 실시계획 인가신청 ✕

---

41) 5년

제2절 도시개발사업의 시행자

1) 전부 환지
2) 토지소유자
3) 조합
4) 귀책사유
5) 2년
6) 1년

(4) **사업의 대행**: **공공시행자** ⇨ 7) 지조성공사, 8) 시설계, 9) 반시설공사, 조성토지 10) 양

(5) **신탁계약**: 민간 시행자, 지정권자의 승인

2. 조합

(1) 설립인가

① 토지소유자 11) 명 이상, 12) 의 인가

② **인가받은 사항의 변경**: 변경인가
 - 경미한 사항(13) 고방법 변경, 14) 된 사무소소재지 변경): 신고

③ **동의**: 토지면적의 15) + 토지소유자 총수의 16)

(2) 조합의 성립

① **설립등기**: 17) 일 이내

② **조합의 성립시기**: 등기를 하면 성립

③ **법인격**: 법인, 민법 중 사단법인에 관한 규정 준용

(3) 조합원

① **조합원**: 도시개발구역의 18)
 • 건축물 소유자 19) , 지상권자 20) , 미성년자 21) , 동의 아니한 자 22)

② **의결권**: 면적에 관계없이 평등한 의결권

③ **조합원의 경비부담**(부과금): 위치 · 지목 등을 고려
 • 부과금 체납: 시 · 군 · 구에 징수 23) (수수료 4%)

(4) 임원

① **임원의 구성**: 조합장, 이사, 감사
 • 조합장 또는 이사의 자기를 위한 조합과의 계약 · 소송은 24) 가 조합을 대표

② **임원의 결격사유**
 ㉠ 미성년자, 피성년후견인, 피한정후견인
 ㉡ 파산선고 후 복권되지 아니한 자
 ㉢ 금고 이상의 형을 선고받고 집행종료 · 면제 후 25) 이 지나지 아니한 자
 ㉣ 금고 이상의 형의 집행유예 기간 중에 있는 자

③ **임원 자격상실**: 결격사유에 해당된 날의 **다음 날**

7) 부
8) 실
9) 기
10) 분
11) 7
12) 지정권자
13) 공
14) 주
15) 3분의 2
16) 2분의 1
17) 30
18) 토지소유자
19) ×
20) ×
21) ○
22) ○
23) 위탁
24) 감사
25) 2년

(5) 대의원회

① 조합원 수가 [26)] 이상 ⇨ 대의원회를 [27)]

② **다음의 사항을 제외한 총회의 권한을 대행**

㉠ [28)]의 변경

㉡ 개발계획의 수립 및 변경

㉢ 환지계획의 작성

㉣ 조합 [29)]의 선임

㉤ 조합의 [30)] 또는 [31)]에 관한 사항

제**3**절 실시계획 및 사업시행방식

(1) 실시계획의 작성 : 시행자

① 실시계획에는 [1)]계획 포함

② 실시계획은 [2)]에 맞게 작성

(2) 실시계획의 인가

① **인가권자** : [3)]

② **인가절차** : 국토교통부장관 − 시·도지사, 대도시 시장의 의견,

시·도지사 − 시·군·구청장 의견

(3) 실시계획 고시 ⇨ 도시·군관리계획이 결정·고시 의제

(4) 시행방식

① **환지방식** : [4)], 분할·합병, [5)] 필요, [6)] 높은 경우

② **수용·사용방식** : 택지 등의 [7)]적인 조성·공급

③ **혼용방식** : 분할 혼용방식, 미분할 혼용방식

④ **시행방식 변경** : 수용 ⇨ 혼용, 수용 ⇨ 환지, 혼용 ⇨ 환지(가나다 순)

---

26) 50인
27) 둘 수 있다.
28) 정관
29) 임원
30) 합병
31) 해산(사업완료로 해산하는 경우 제외)

제3절 실시계획 및 사업시행방식

1) 지구단위
2) 개발계획
3) 지정권자
4) 교환
5) 변경
6) 지가
7) 집단

제**4**절 수용방식에 의한 사업시행

(1) 수용 · 사용

① 시행자는 토지 등을 수용 · 사용할 수 있다.

② [1)] **시행자의 수용을 위한 동의** : 토지면적 3분의 2 이상의 토지 소유, 토지소유자 총수의 2분의 1 이상의 동의

③ 공익사업을 위한 토지 등의 취득 및 보상에 관한 법률 준용

④ **사업인정 의제** : [2)] 고시

⑤ **재결신청** : 도시개발사업의 시행기간 종료일까지

(2) 토지상환채권

① **발행** : [3)] 는 토지소유자가 **원하면** 토지등의 **매수 대금**의 [4)] 를 지급하기 위하여 토지상환채권을 발행할 수 있다.

② **발행규모** : 분양토지 · 분양건축물 면적의 [5)] 이내

③ **발행절차** : [6)] 승인, 보증([7)] 시행자)

④ **이율** : [8)] 가 정함

⑤ **발행방법** : [9)] 증권

⑥ **채권이전** : 채권 [10)] + [11)] 에 각각 기재

(3) 선수금 : [12)] 승인

공공 시행자	개발계획 수립 · 고시 후, 토지면적의 [13)] 이상의 토지소유권 확보
민간 시행자	실시계획인가를 받은 후 ㉠ 공급하려는 토지에 대한 소유권을 확보 ㉡ 해당 토지에 설정된 저당권을 말소 ㉢ 공사 진척률 : [14)] 이상 ㉣ 보증서 제출

(4) 원형지의 공급

① **원형지개발자 지정** : [15)] 승인

㉠ 국가 또는 지방자치단체, [16)] 기관, 지방공사

㉡ [17)] 에서 선정된 자

㉢ 학교나 [18)] 등의 부지로 직접 사용하는 자

② **원형지 공급규모** : 전체 토지 면적의 [19)] 이내

③ **원형지개발자의 선정 방법** : [20)]

   – **학교 · 공장** 등의 부지로 직접 사용 : [21)]

④ **원형지 매각제한(국가 · 지자체 제외)** : 다음의 기간 중 먼저 끝나는 기간

   ㉠ 공사완료 공고일부터 [22)]

   ㉡ 계약일부터 [23)]

⑤ **가격** : 시행자와 원형지개발자의 [24)] 가격

⑹ **조성토지의 공급**

① 공급계획에 대하여 [25)] 의 승인

② **공급기준** : [26)] 계획에 따라 공급

   – 공급대상자의 자격제한, 조건부 공급 가능

③ **공급방법**

   ㉠ 원칙 : [27)]

   ㉡ **추첨** : [28)] 규모 이하 주택건설용지, [29)] 택지, [30)] m^2 이하의 단독주택용지, [31)] 용지

   ㉢ [32)] : 일반분양할 수 없는 용지(학교용지 등), 공급대상자가 선정되어 있는 경우(토지상환채권 등)

④ **공급가격**

   ㉠ 원칙 : [33)] 가격

   ㉡ 예외 : **감정가격 이하** – 학교, 폐기물처리시설 등 ⇨ [34)] 목적

---

19) 3분의 1
20) 수의계약
21) 경쟁입찰
22) 5년
23) 10년
24) 협의
25) 지정권자
26) 실시
27) 경쟁입찰
28) 국민주택
29) 공공
30) 330
31) 공장
32) 수의계약
33) 감정
34) 공공

제 5 절 환지방식에 의한 사업시행

1. 환지계획

⑴ 환지계획의 내용

① 환지설계

② 필지별로 된 환지명세

③ 필지별과 권리별로 된 청산대상토지 명세

④ 체비지 또는 보류지의 명세

⑤ 입체 환지용 건축물의 명세와 공급 방법 · 규모

⑵ **작성기준(적응환지 원칙)**: 종전토지와 환지의 위치 · 지목 · 면적 · 토질 · 수리 · 이용상황 · 환경 등 종합 고려

　　－ 조성토지등 평가: 감정평가 ⇨ 토지평가협의회 ☐1)☐

⑶ **적응환지의 예외**

　① 소유자의 신청 · 동의에 의한 환지 부지정 － **임차권자 동의** ☐2)☐

　② **토지면적을 고려한 환지**: 증환지, 감환지, 부지정

　③ ☐3)☐**환지**: 토지 ⇨ 건축물 일부 ＋ 토지 공유지분

　④ **공공시설용지**: 적응환지의 기준을 적용 ☐4)☐

　　－ 용도폐지 공공시설: 다른 토지에 대한 환지의 대상으로 하여야

　⑤ 체비지 · 보류지

⑷ **환지계획의 인가**

　① **인가권자**: ☐5)☐

　② **인가받은 내용을 변경**: 변경인가 (경미하면 예외)

　③ **절차**: 통지 · 공람(14일) － 의견제출 － 통보(60일)

2. 환지예정지

⑴ **환지예정지의 지정**

　① 시행자는 환지 예정지를 지정할 수 있다.

　② 임차권 등의 목적인 토지 또는 그 부분을 아울러 지정하여야 한다.

⑵ **지정의 효과**

　① 종전토지에 대한 **사용 · 수익권**이 환지예정지로 이동

　② **효력발생시기**: **환**지예정지의 지정의 **효**력발생일 ～ **환**지처분의 공고일

종전토지	환지예정지
사용 · 수익 (☐6)☐), 처분 (☐7)☐)	사용 · 수익 (☐8)☐), 처분 (☐9)☐)

　③ **사용 · 수익의 장애물**: 사용 · 수익 **개**시일(시작할 날)을 따로 정할 수 있다.

　④ **환지 부지정 토지**: 사용 · 수익을 **정**지시킬 수 있다. ☐10)☐일 전에 알려야 한다.

　⑤ **체비지**: 사용 · 수익 ＋ ☐11)☐할 수 있다.

　⑥ **권리의 조정(용익권자의 보호)**

　　㉠ **임대료 등**이 **불합리**: 증감을 **청구**

제5절 환지방식에 의한 사업시행
1) 심의
2) 받아야 한다.
3) 입체
4) ×
5) 시장 · 군수 · 구청장
6) ×
7) ○
8) ○
9) ×
10) 30
11) 처분

　　　　ⓛ **목적달성** ×: **권리포기, 계약해지**
　　　　　　－ 손실보상: 시행자에게, 구상가능
　　　　ⓒ 증감청구 등의 행사기한: ☐ 12)
　　⑦ **장애물등의 이전 및 제거**: 시장·군수·구청장의 허가
　　　　－ 주거용 건축물을 이전·철거: ☐ 13) 전에 통지
　　⑧ **사용·수익할 자가 없게 된 토지**: 시**행**자가 관리
　　　cf. 시행자가 설치한 공공시설: 시장·군수·구청장이 관리

3. 환지처분

(1) **절차**: 공사완료공고·공람(14일) ⇨ 의견제출 ⇨ 준공검사 ⇨ 환지처분(☐ 14)
　　이내)

(2) **환지처분의 효과**

　　① 환지는 환지처분 공고일의 ☐ 15) 부터 종전의 토지로 본다.
　　② **환지 부지정 토지의 권리**: 환지처분이 공고된 날이 ☐ 16) 에 **소멸**
　　③ **행정상·재판상 처분**: 환지처분의 영향 ×, 종전 토지에 존속
　　④ **지역권**: 종전 토지에 존속, 사업의 시행으로 행사할 이익이 없어진 지역권은
　　　　환지처분 공고일이 ☐ 17) 에 **소멸**
　　⑤ **입체환지**: 환지처분 공고일의 ☐ 18) 취득
　　⑥ **체비지·보류지**
　　　　－ **체**비지는 ☐ 19) 가, **보**류지는 환지계획으로 ☐ 20) 가 각각 환지처
　　　　분 공고일의 ☐ 21) 에 취득
　　　　－ **이**미 처분된 체비지는 그 체비지를 매입한 자가 소유권 이전 ☐ 22) 를 마친
　　　　때에 취득
　　⑦ **청산금**: 환지처분 공고일의 ☐ 23) 에 확정

4. 등기·청산 등

(1) **환지등기**

　　① ☐ 24) 가 환지처분 공고 후 ☐ 25) 일 이내에 등기를 촉탁·신청
　　② 환지처분 공고일부터 등기가 있는 때까지는 다른 등기를 할 수 없다.
　　　　－ 환지처분 공고일 전의 등기원인을 증명: 다른 등기를 할 수 있다.

12) 60일
13) 2개월
14) 60일
15) 다음 날
16) 끝나는 때
17) 끝나는 때
18) 다음 날
19) 시행자
20) 정한 자
21) 다음 날
22) 등기
23) 다음 날
24) 시행자
25) 14

(2) 청산금

　○ **청산금의 결정**(환지계획기준과 같은 기준)

　　㉠ 청산금은 　26)　을 하는 때에 결정

　　㉡ 환지 대상에서 제외한 토지 : 청산금을 　27)　하는 때에 결정할 수 있다.

　② **청산금의 징수 · 교부**

　　㉠ 원칙 : 환지처분의 공고가 있은 후 징수 · 교부

　　㉡ 예외 : 환지 대상에서 제외한 토지 – 환지처분 전에 교부 가능

　③ **강제징수** : 청산금을 납부하지 않는 경우

　　㉠ 행정청 : 강제징수

　　㉡ 비행정청 : 시장 · 군수 · 구청장에게 징수 　28)　(수수료 4%)

　㉣ **청산금 수령거부 등** : 　29)

　⑤ **청산금의 소멸시효** : 　30)　년

제6절　기타

(1) 준공검사

　① **준공검사권자** : 　1)

　② **조성토지 등의 준공 전 사용**

　　㉠ 준공검사 전 또는 공사완료공고 전에는 조성토지등을 사용할 수 없다.

　　㉡ 예외(준공검사 전 사용) : ⓐ 　2)　, ⓑ 지정권자의 　3)　를 받은 경우

(2) 도시개발채권

　① **발행자** : 　4)　의 장 (시 · 도지사)

　② **발행방법** : 등록발행 또는 　5)　으로 발행

　③ **발행절차** : 　6)　의 승인을 받아야 한다

　④ **이율** : 시 · 도의 　7)　로 정한다.

　⑤ **상환기간** : 　8)　부터 　9)　의 범위안에서 지방자치단체의 조례로 정한다.

　⑥ **소멸시효** : 원금은 　10)　년, 이자는 　11)　년

26) 환지처분
27) 교부
28) 위탁
29) 공탁
30) 5

제6절 기타
1) 지정권자
2) 체비지
3) 사용허가
4) 지방자치단체
5) 무기명
6) 행정안전부장관
7) 조례
8) 5년
9) 10년
10) 5
11) 2

제1절 총설(용어)

① **정비사업**

사업명	내 용
주거환경 개선사업	• [1)] 주민, 시설 [2)] 열악, 노후·불량건축물 [3)] 밀집 • [4)] 주택·[5)] 주택이 밀집, 정비기반시설 등 확충
재개발 사업	• 시설 [6)], 노후·불량건축물 [7)] • [8)] 지역·[9)] 지역, 도시기능 회복
재건축 사업	• 시설 [10)], 노후·불량건축물인 공동주택 밀집

② **토지등소유자**: 정비구역에 위치

사업명	내 용
주거환경개선사업 재개발사업	토지 또는 건축물의 소유자 또는 그 [11)]
재건축사업	건축물 [12)] 그 부속토지의 소유자

③ **노후·불량건축물**

㉠ 붕괴 그 밖의 안전사고의 우려

㉡ 중대한 기능적 결함, 부실시공으로 구조적 결함

㉢ [13)] 까지 사용하기 위한 **보수·보강비용**이 철거후 신축하는 비용보다 클 것으로 예상되는 건축물

㉣ **노후화**된 건축물: 조례로 정하는 기간(준공후 [14)] 이상 [15)] 이하) 이 지난 건축물

④ [16)] **시설**: 도로, 공원, 공용주차장, 공동구 등

⑤ [17)] **시설**: 놀이터, 마을회관, 공동작업장 등

⑥ **대지**: 정비사업으로 [18)] 된 토지

⑦ **토지주택공사등**: 한국토지주택공사 또는 지방공사

제1절 총설(용어)

1) 저소득
2) 극히
3) 과도
4) 단독
5) 다세대
6) 열악
7) 밀집
8) 상업
9) 공업
10) 양호
11) 지상권자
12) 및
13) 40년
14) 20년
15) 30년
16) 정비기반
17) 공동이용
18) 조성

저 **2** 절 기본방침 및 정비기본계획

(1) 기본방침

① **수립권자** : 국토교통부장관

② **수립단위** : 1) 마다

③ **타당성 검토** : 2) 마다

(2) 정비기본계획

① **수립권자** : 3) · 4) 또는 5)

② **수립단위** : 6) 단위로 수립

③ **수립예외** : 도지사가 인정하는 대도시 아닌 시

④ **기본계획의 작성기준** : 7)

⑤ **타당성 검토** : 8) 마다

⑥ **수립절차** : 주민공람(9) 일) − 의회의견(10) 일내 의견제시) − 협의 − 심의 − 고시 · 열람 − 보고

　　㉠ 승인 : 시장(대도시 시장 제외) ⇨ 11)

　　㉡ 보고 : 기본계획의 수립권자 ⇨ 국토교통부장관

제 **3** 절 정비계획 · 정비구역

1. 정비구역의 지정

(1) 정비구역의 지정권자

① 특별시장 · 광역시장 · 시장 · 군수

② **구역지정 신청** : 구청장등 ⇨ 특별시장 · 광역시장

(2) 지정절차

① **정비계획의 입안** : 주민의견(서면통보, 주민설명회, 1) 일 공람) − 의회의견(2) 일내 의견제시)

② **정비구역의 지정** : 심의 − 고시 − 보고(국토교통부장관) − 열람

(3) 재건축사업의 재건축진단

- ① **직권에 의한 재건축진단**
  - ㉠ 진단 의무 : 3)
  - ㉡ 진단 시기 : **수립시기가 도래한 때부터** 4) **인가 전까지**

- ② **요청에 의한 재건축진단**
  - ㉠ 정비계획 입안을 제안하려는 자 등의 요청 : 5) 이상의 동의
  - ㉡ 6) 또는 사업시행자의 요청
  - ㉢ 비용 : 요청하는 자에게 **부담하게 할 수 있다.**

- ③ **진단대상** : 7) **의 건축물**
  - ※ 진단대상에서 제외(8) 이 인정) : 붕괴, 사용금지, 잔여 건축물, 기반 시설 설치를 위해 포함된 건축물

- ④ **재건축진단의 실시** : 재건축진단 실시계획의 수립 및 통보(요청일부터 30일 이내) ⇨ 재건축진단기관에 의뢰 ⇨ 결과보고서 제출(시장·군수등 및 재건축진단의 실시를 요청한 자에게)

- ⑤ **사업시행계획인가 여부 결정** : 9)
  - ㉠ 결정내용 및 결과보고서 제출 : 시장·군수등 ⇨ 특별시장·광역시장·도지사
  - ㉡ 시·도지사 : 10) 에게 시정요구 등의 조치를 요청
  - ㉢ 국토교통부장관 : 11) 에게 결과보고서의 제출, 적정성 검토 요청

2. 정비구역 지정의 효과

(1) **지정의제** : 결정·고시된 것으로 본다.

- ① 정비구역 ⇨ 지구단위계획구역 및 지구단위계획
- ② 지구단위계획구역 ⇨ 정비구역

(2) **기득권 보호** : 지정·고시 12) 이미 사업·공사에 13) ⇨ 14) 이내 신고

(3) **행위허가** : 시장·군수등의 허가

- ① **허가대상** : 개발행위허가대상 + 15)
- ② **허가예외** : 재해복구·재난수습, 농림수산용 간이공작물, 경작을 위한 토지 형질변경, 개발에 지장이 없는 토석채취, 존치되는 대지안의 적치, 관상용 죽목의 **임시식재**(16) 에서 임시식재는 **제외**)

3) 시장·군수등
4) 사업시행계획
5) 10분의 1
6) 추진위원회
7) 주택단지
8) 시장·군수등
9) 시장·군수등
10) 시장·군수등
11) 시·도지사
12) 당시
13) 착수
14) 30일
15) 죽목벌채·식재
16) 경작지

3. 정비구역 등의 해제

(1) 의무적 해제(해제하여야 한다)

① **예정일**부터 [17)] 년내 정비**구역** 지정(신청) ×

② **조합이 시행하는 재개발사업 · 재건축사업**

   ㉠ **구역** 지정 · 고시일 ⇨ [18)] 년내 **추진위원회** 승인신청 ×

   ㉡ **구역** 지정 · 고시일 ⇨ [19)] 년내 **조합설립인가** 신청 ×

   ㉢ **추진위원회** 승인일 ⇨ [20)] 년내 **조합설립인가** 신청 ×

   ㉣ **조합**설립인가일 ⇨ [21)] 년내 **사업시행계획인가** 신청 ×

③ 토지등소유자가 시행하는 재개발사업 : **구역** 지정 · 고시일 ⇨ [22)] 년내 **사업시행계획인가** 신청 ×

(2) 임의적 해제(지정권자의 직권, 해제할 수 있다)

① 토지등소유자의 과도한 부담

② 지정 목적을 달성할 수 없다고 인정하는 경우

③ **주거환경개선사업**(스스로 개량 방식) : 10년 이상 경과, [23)] 동의

④ **추진위원회가 구성되지 않은 구역** : [24)] 이상이 해제요청

⑤ **추진위원회 · 조합이 설립된 구역** : [25)] 동의로 해제요청

제 **4** 절 정비사업의 시행자

1. 정비사업별 사업시행방법

구 분	사업시행방법
주거환경 개선사업	① 시행자가 기반시설 설치, 토지등소유자가 스스로 주택 개량 ② 수용 ⇨ 주택 또는 대지 공급 ③ 환지로 공급 ④ 관리처분계획에 따라 [1)] 공급
재개발 사업	① 관리처분계획에 따라 [2)] 공급 ② 환지로 공급
재건축 사업	관리처분계획에 따라 [3)] 공급 (공동주택 외의 건축물은 [4)] 지역, [5)] 지역에서 전체 연면적의 [6)] 이하로 공급)

17) 3
18) 2
19) 3
20) 2
21) 3
22) 5
23) 과반수
24) 30%
25) 과반수

제4절 정비사업의 시행자

1) 주택
2) 건축물
3) 건축물
4) 준주거
5) 상업
6) 30%

2. 사업시행자

(1) 정비사업별 시행자

① **주거환경개선사업**

- ㉠ [7)]이 시행하거나 토지주택공사등을 시행자로 지정
- ㉡ 동의 : 토지등소유자 [8)] 이상 + 세입자 세대수 [9)]
  - ㅡ 세입자 동의 예외 : 세입자가 토지등소유자의 [10)] 이하

② **재개발사업**

- ㉠ [11)]이 시행하거나 공동시행(과반수 동의)
- ㉡ **토지등소유자**가 [12)]**명 미만**이 경우 토지등소유자가 시행

③ **재건축사업** : [13)]이 시행하거나 공동시행(과반수 동의)

(2) 시공자의 선정

① **조합** : **조**합설립인가 후, 경쟁입찰 또는 수의계약(2회 이상 유찰된 경우로 한정) 방법으로 선정

② **예외**

- ㉠ 조합원수가 [14)]인 이하 : **정**관에 따라 선정
- ㉡ **토**지등소유자가 시행(재개발사업) : **사**업시행계획인가 후 [15)]에 따라 선정
- ㉢ **시**장·군수등, 토지주택공사등 : **시**행자지정 고시 후 선정

③ **시공자와 계약** : 철거 공사에 관한 사항을 포함

3. 정비사업조합

(1) 추진위원회

① **구성** : 위원장 포함 [16)]명 이상의 위원, [17)]의 동의, [18)]의 승인

② **추진위원회 구성 대상지역**

- ㉠ 정비구역으로 지정·고시된 지역
- ㉡ 정비구역으로 지정·고시되지 아니한 지역 중 일정 요건에 해당하는 지역

③ **추진위원회의 조직** : 위원장 1명과 감사를 둔다. cf. 이사 [19)]

④ **업무** : 정비사업전문관리업자의 선정, 설계자 선정, 조합설립인가를 위한 준비업무 등 cf. 시공자 선정 [20)]

7) 시장·군수등
8) 3분의 2
9) 과반수
10) 2분의 1
11) 조합
12) 20
13) 조합
14) 100
15) 규약
16) 5
17) 과반수
18) 시장·군수등
19) ×
20) ×

(2) 조합설립인가

① **인가권자** : 정비구역 지정 · 고시 후 [21)]의 인가를 받아야 한다.

② **인가신청을 위한 동의**

  ㉠ 재개발사업 : 토지등소유자의 [22)] 이상 및 토지면적의 [23)] 이상

  ㉡ 단지안의 재건축사업 : 동별 구분소유자의 [24)], 전체 구분소유자의 [25)] 이상 및 토지면적의 [26)] 이상

  ㉢ 단지밖의 재건축사업 : 토지 · 건축물 소유자의 [27)] 이상 및 토지면적 [28)] 이상

  ㉣ 인가받은 사항의 변경 : 총회에서 의결([29)] 이상의 찬성)하고 [30)]

    − 경미한 변경 : 총회 의결 없이 [31)]

  ㉤ 동의 산정기준 : 주거환경개선사업, 재개발사업

    • 공유 : [32)] 이상의 동의를 받은 대표 1인을 토지등소유자로 산정

    • 1인이 다수 필지 · 건축물 소유 : 1인으로 산정

    • 토지 + 지상권 : 대표 1인 토지등소유자로 산정

    cf. 토지소유자와 건축물 소유자가 다른 경우 : [33)]으로 산정

(3) 조합의 성립 : [34)]일 이내에 등기함으로써 성립

(4) 조합의 법인격 : 법인(민법중 사단법인 준용)

(5) 조합원

① **조합원의 자격** : 토지등소유자 ([35)]사업은 동의한 자에 한함)

② 투기과열지구에서 재건축사업의 경우 [36)] 후, 재개발사업의 경우에는 [37)]의 인가 후 정비사업의 건축물 · 토지를 양수(상속 · 이혼 제외)한 자는 조합원이 될 수 없다.

(6) 임원

① **임원의 구성** : 조합장, 이사, 감사

    − 조합장 또는 이사의 자기를 위한 조합과의 계약 · 소송은 [38)]가 조합을 대표

    − 이사의 수 : [39)]인 이상, 100명 초과시 [40)]인 이상

② **조합임원의 임기** : [41)]년 이하, 연임할 수 [42)]다.

③ **임원의 결격사유**

  ㉠ 미성년자, 피성년후견인, 피한정후견인

21) 시장 · 군수등
22) 4분의 3
23) 2분의 1
24) 과반수
25) 100분의 70
26) 100분의 70
27) 4분의 3
28) 3분의 2
29) 3분의 2
30) 인가
31) 신고
32) 4분의 3
33) 각각 1인
34) 30
35) 재건축
36) 조합설립인가
37) 관리처분계획
38) 감사
39) 3
40) 5
41) 3
42) 있

ⓛ 파산선고 후 복권되지 아니한 자

ⓒ 금고 이상의 형을 선고받고 집행종료·면제 후 2년이 지나지 아니한 자

ⓔ 금고 이상의 형의 집행유예 기간 중에 있는 자

ⓜ 벌금 [43)] 만원 이상의 형을 선고받고 [44)] 년이 지나지 아니한 자

④ 임원이 **결격사유에 해당**하게 되면 **당연퇴임**

(7) 대의원회

① 조합원 수가 [45)] 인 이상 ⇨ 대의원회를 [46)] .

② [47)] 이 아닌 조합임원은 대의원이 될 수 없다.

③ **대행할 수 없는 사항** : [48)] , [49)] , [50)] , [51)] 등

제 5 절 사업시행계획인가

(1) 사업시행계획서의 작성 : [1)]

(2) 사업시행계획인가

① **인가권자** : [2)]

   ⓐ 인가받은 내용의 변경·중지·폐지 : [3)] 받아야

   ⓑ 경미한 변경 : [4)]

② **인가여부통보** : [5)] 이내

③ **인가신청전 동의**

   ⓐ 원칙 : 미리 총회의 의결을 거쳐야 한다.

   ⓑ 토지등소유자가 시행하는 재개발사업 : 토지등소유자의 4분의 3 이상 및 토지면적 2분의 1 이상

   ⓒ 지정개발자 : 토지등소유자의 과반수 및 토지면적의 2분의 1 이상

④ **관계서류의 공람** : [6)] 일 이상

⑤ **사업비의 예치** : [7)] 사업의 사업시행자가 [8)] (토지등소유자)인 때에는 정비사업비 [9)] %의 범위 이내에서 시·도조례가 정하는 금액을 예치하게 할 수 있다.

43) 100
44) 10
45) 100
46) 두어야 한다
47) 조합장
48) 정관
49) 임원
50) 합병
51) 해산(사업완료로 해산하는 경우 제외)

제5절 사업시행계획인가

1) 시행자
2) 시장·군수등
3) 인가
4) 신고
5) 60일
6) 14
7) 재개발
8) 지정개발자
9) 20

제**6**절 사업시행을 위한 조치

(1) 임시거주시설의 설치

① **주거환경개선사업,** [1)] **사업**: **임시거주**에 상응하는 조치를 **하여야 한다.**

② 국가·지방자치단체·공공단체·개인의 시설이나 토지를 일시 사용할 수 있다.

③ **거절금지** 및 **사용료 대부료 면제**: [2)] 또는 [3)] (제3자와의 매매 계약 등의 예외 있음)

④ **원상회복**: 공사를 완료한 때에는 [4)]일 이내

⑤ **공공단체·개인**: 손실을 보상하여야 한다.

(2) 임시상가의 설치: 재개발사업 ⇨ 할 수 있다.

(3) 수용·사용

① 시행자는 토지 등을 수용·사용할 수 있다.
 ㅡ [5)]사업: 긴급한 경우에만 수용가능

② 공취법 준용

③ **사업인정 의제**: [6)]인가 고시

④ **재결신청**: 시행기간 종료일까지

⑤ **현물보상**: 준공인가 이후에 현물보상 가능

(4) 재건축사업의 매도청구

① **매도청구대상**
 ㉠ 조합설립 등의 [7)]를 하지 아니한 자
 ㉡ 건축물 또는 토지 [8)] 소유한 자

② **매도청구의 절차**
 ㉠ 동의여부 **촉구**: 사업시행계획인가 고시일부터 [9)] 이내
 ㉡ **회답**: 촉구를 받은 날부터 [10)] 이내
  ㅡ 회답 × ⇨ 부동의의 뜻을 회답한 것으로 본다.
 ㉢ **매도청구**: 회답기간이 만료일부터 [11)] 이내

(5) 토지분할청구: 주택단지안의 재건축사업

① **절차**: 협의 ⇨ 분할청구(법원)

② **분할청구효과**: 토지분할이 완료되지 않아도 조합설립인가 등 가능

(6) 주거환경개선사업에 대한 특례

① **주거환경개선사업**: **국민주택채권**의 매입에 관한 규정은 적용[12)].

② 주거환경개선구역은 다음의 지역으로 결정·고시된 것으로 본다.

스스로 개량 방식, 환지 방식	[13)]주거지역
수용 방식, 관리처분 방식	[14)]주거지역

제7절 관리처분계획

1. 분양공고·통지 및 분양신청

(1) **분양공고·통지**: 사업시행계획인가·고시일부터 [1)]**일(연장** [2)]**일** — [3)]**사업**)

(2) **분양신청기간**: 통지한 날부터 [4)]**일 이상** [5)]**일 이내, 연장** [6)]**일**

(3) **분양신청**: 분양신청기간 이내, 사업시행자에게

(4) **투기과열지구에서 분양신청 제한**: 관리처분계획에 따른 분양대상자 선정일부터 [7)]년 이내 분양신청 금지(상속, 결혼, 이혼에 의한 경우 제외)

(5) **분양신청을 하지 않은 자에 대한 조치**

① **보상협의**: 관리처분계획이 인가·고시된 다음 날부터 [8)]**일 이내**

② **수용재결신청, 매도청구소송**: 협의기간의 만료일 다음 날부터 [9)]**일 이내**

2. 관리처분계획

(1) 관리처분계획의 내용

① 분양설계

② 분양대상자의 주소 및 성명

③ 분양대상자별 분양예정인 대지·건축물의 추산액

④ 보류지 등의 명세와 추산액 및 처분방법(일반분양분, 기업형임대주택, 임대주택 등)

⑤ 분양대상자별 종전의 토지 또는 건축물의 명세 및 [10)]계획인가·고시일 기준의 가격

---

12) 하지 아니한다
13) 제2종일반
14) 제3종일반

제7절 관리처분계획

1) 90
2) 30
3) 재개발
4) 30
5) 60
6) 20
7) 5
8) 90
9) 60
10) 사업시행

⑥ 정비사업비의 추산액 및 그에 따른 조합원 부담규모 및 부담시기

⑦ 분양대상자의 종전의 토지 또는 건축물에 관한 소유권 외의 권리명세

⑧ 세입자별 손실보상을 위한 권리명세 및 그 평가액

(2) 관리처분계획의 기준

① 종전 토지·건축물의 면적·이용상황·환경 그 밖의 사항을 종합적으로 고려

② 넓히거나 좁혀 적정 규모가 되도록 한다.

③ **너무 좁은 토지·건축물, 구역 지정후 분할된 토지**: 현금으로 청산

④ 너무 좁은 토지를 넓혀 토지를 갈음하여 보상을 하거나 건축물의 일부와 대지의 공유지분을 교부

⑤ **분양설계**: 분양신청기간이 **만료**되는 날을 기준

⑥ **주택의 공급**: **1주택** 공급 원칙

　㉠ 토지공유: 조례에 따라 주택을 공급

　㉡ **소유한 주택수만큼** 공급할 수 있다.

　　－ 과밀억제권역 **밖**의 │ 11) │ **사업**

　　－ 근로자숙소·기숙사, 국가, 지방자치단체 등

　㉢ **종전 가격**의 범위에서 │ 12) │ **주택**: **1주택은** │ 13) │ **㎡ 이하** (전매제한 － 이전고시일 다음 날부터 3년)

　㉣ **과밀억제권역의 재건축사업**: │ 14) │ **주택**까지 공급

　　cf. 투기과열지구·조정대상지역의 재건축: │ 15) │ 주택

(3) 관리처분계획의 인가

① **인가권자**: │ 16) │

　㉠ 관리처분계획의 변경·중지·폐지: │ 17) │

　㉡ 경미한 변경: │ 18) │

② **공람**: │ 19) │ 일 이상

③ **인가여부 통보**: 30일 이내

④ **관리처분계획 인가·고시의 효과**: **소**유권 이전고시일까지 종전 토지·건축물의 사용·수익 정지

11) 재건축
12) 2
13) 60
14) 3
15) 1
16) 시장·군수등
17) 인가
18) 신고
19) 30

제**8**절　**공사완료에 따른 조치 등**

1. 정비사업의 준공인가

(1) **인가권자**: [1)]

(2) **정비구역의 해제**

　① [2)]의 고시일(관리처분계획 수립시 [3)])의 **다음 날**에 **해제**된 것으로 **본다**.

　② 정비구역의 해제는 조합의 존속에 영향을 [4)].

2. 소유권이전 · 고시

(1) **이전절차**: 공사완료고시 후 지체없이 [5)], 토지 [6)], 분양받을 자에게 [7)], 소유권 [8)]

(2) **이전고시**: **소유권**을 **이전하려면 고시**한 후 시장 · 군수등에게 보고 → 이전고시일의 **다음 날**에 **취득**

(3) **등기**

　① [9)]는 이전고시가 있은 때에는 [10)] 등기를 촉탁 · 신청

　② **다른 등기제한**: 이전고시일 ~ 등기일

(4) **청산금**

　① **청산금의 징수 · 교부시기**: [11)] 후

　② **분할징수 및 분할지급**: 정관등에서 정하고 있거나 총회 의결을 거쳐 따로 정한 경우

　④ **강제징수**: 납부하지 아니하는 경우

　　㉠ 시장 · 군수등: 강제징수

　　㉡ 시장 · 군수등이 아닌 시행자: 시장 · 군수등에게 징수 [12)](수수료: 4%)

　⑤ **청산금의 수령거부**: [13)]

　⑥ **소멸시효**: 이전고시일 다음 날부터 [14)]년

　⑦ **물상대위**: 청산금에 대하여 저당권을 행사 가능

제8절 공사완료에 따른 조치 등
1) 시장 · 군수등
2) 준공인가
3) 이전고시일
4) 주지 아니한다
5) 측량
6) 분할
7) 통지
8) 이전
9) 시행자
10) 지체없이
11) 이전고시
12) 위탁
13) 공탁
14) 5

건축법

제**1**절 **총설**(용어정의)

(1) **리모델링** : 대수선, 일부 증축 또는 [1)] 하는 행위

(2) **지하층** : 바닥에서 지표면까지 [2)] 높이가 해당 [3)] 높이의 [4)] 이상인 것

  − 지하층은 층수에서 [5)]

  − 용적률 산정 시 연면적에서 [6)]

(3) **주요구조부** : [7)] 닥, [8)] 붕틀, [9)] , [10)] 력벽, [11)] 계단, [12)] 등

(4) **고층 건축물** : [13)] 층 이상이 [14)] [15)] 미터 이상

(5) **초고층 건축물** : [16)] 층 이상이 [17)] [18)] 미터 이상

(6) **준초고층 건축물** : 고층건축물 중 초고층 아닌 것

(7) **다중이용 건축물**

  ① [19)] 천제곱미터 이상인 [20)] 교시설, [21)] 합병원, [22)] 객용 시설, [23)] 광숙박시설, [24)] 화 및 집회시설(동·식물원 제외), [25)] 매시설

  ② [26)] 층 이상인 건축물

(8) **특수구조 건축물**

  ① 한쪽 끝만 고정된 구조물(보·차양 등)이 [27)] 미터 이상 돌출된 건축물

  ② 기둥과 기둥 사이의 거리가 [28)] 미터 이상인 건춘물

제1절 총설(용어정의)

1) 개축
2) 평균
3) 층
4) 2분의 1
5) 제외
6) 제외
7) 바
8) 지
9) 보
10) 내
11) 주
12) 기
13) 30
14) 거나
15) 120
16) 50
17) 거나
18) 200
19) 5
20) 종
21) 종
22) 여
23) 관
24) 문
25) 판
26) 16
27) 3
28) 20

제 2 절　건축법의 적용범위

1. 적용대상물

(1) 건축물

① 토지에 정착하는 공작물중 지붕과 기둥 또는 벽이 있는 것

② 이에 딸린 시설물 (대문, 담장 등)

③ [1)] 나 [2)] 의 공작물에 설치하는 사무소·공연장·점포·차고·창고 등

※ 건축법이 적용되지 아니하는 건축물

① [3)] · [4)] 문화유산, 천연기념물, 명승 등

② 철도·궤도 선로부지안의 [5)] 시설, [6)] 시설, [7)], [8)] 시설

③ 고속도로 [9)] 시설

④ 컨테이너를 이용한 간이 [10)] (공장의 대지에 설치, 이동이 쉬운 것)

⑤ 하천구역 안의 [11)]

(2) 신고대상 공작물

2m 넘는	[12)], [13)]	8m 이하	기계식 주 [17)] 장
4m 넘는	[14)] 고, 장식탑, 첨탑 등	[18)] m 넘는	태양에너지
6m 넘는	[15)] 탑, 굴뚝	[19)] m² 넘는	지하대피호
8m 넘는	[16)] 가수조		

2. 건축법의 적용대상행위

(1) 건축

신축	• 건축물이 [20)] 대지에 새로 축조 • 해체·멸실된 대지에서 종전 규모 [21)] • [22)] 건축물만 있는 대지에 새로이 주된 건축물을 축조
증축	• 건축면적·연면적·층수·높이의 [23)] • 일부 해체·멸실후 종전 규모 초과
개축	• 전부·일부 [24)] 후 종전과 [25)] 규모로
재축	• [26)] 된 경우에 종전과 [27)] 규모로
이전	• 주요구조부를 해체하지 [28)] • [29)] 대지안의 다른 위치로 옮기는 것

(2) **대수선** : 주요구조부의 수선·변경, 외부형태의 변경

　① 방화벽 또는 방화구획을 위한 [30)]닥 또는 벽의 증설·해체, 수선·변경

　② [31)]붕틀의 증설·해체, 지붕틀을 [32)]개 이상 수선·변경

　③ [33)]의 증설·해체, 보를 [34)]개 이상 수선·변경

　④ [35)]력벽의 증설·해체, 내력벽의 벽면적을 [36)]m² 이상 수선·변경

　⑤ [37)]계단·피난계단 또는 특별피난계단의 증설·해체, 수선·변경

　⑥ [38)]등의 증설·해체, 기둥을 [39)]개 이상 수선·변경

　⑦ 다가구주택 및 다세대주택의 가구·세대간 [40)]계벽의 증설·해체, 수선·변경

　⑧ 건축물 외벽의 [41)]감재료를 증설 또는 해체하거나 벽면적 [42)]m² 이상 수선 또는 변경하는 것

(3) **용도변경**

　㉠ **용도변경의 시설군**

시설군		건축물의 용도
	[43)]동차관련 시설군	[44)]동차관련시설
	[45)]업등 시설군	[46)]례시설, [47)]험물저장·처리시설, [48)]원순환관련시설, [49)]지관련시설, [50)]고시설, [51)]장, [52)]수시설
	[53)]기통신시설군	[54)]송통신시설, [55)]전시설
	[56)]화집회시설군	[57)]화·집회시설, [58)]교시설, [59)]광휴게시설, [60)]락시설
	[61)]업시설군	[62)]매시설, [63)]중생활시설, [64)]동시설, [65)]박시설
	[66)]육 및 복지시설군	[67)]유자시설, [68)]육연구시설, [69)]련시설, [70)]영장시설, [71)]료시설
	[72)]린생활시설군	제1종 근린생활시설, 제2종 근린생활시설
	[73)]거업무시설군	[74)]독주택, [75)]동주택, [76)]무시설, [77)]방·군사시설, [78)]정시설
	[79)]타 시설군	[80)]물 및 식물관련시설

신고 ↑ ↓ ↑ ↓ ↑ ↓ ↑ ↓ 허가

　㉡ **용도변경의 허가·신고**

　　㉠ [81)] : 하위시설군에서 상위시설군으로의 변경

　　㉡ [82)] : 상위시설군에서 하위시설군으로의 변경

　　㉢ [83)]일한 시설군에서의 변경 : 건축물대장 [84)]재사항 변경신청, 허가·신고×

30) 바
31) 지
32) 3
33) 보
34) 3
35) 내
36) 30
37) 주
38) 기
39) 3
40) 경
41) 마
42) 30
43) 자
44) 자
45) 산
46) 장
47) 위
48) 자
49) 묘
50) 창
51) 공
52) 운
53) 전
54) 방
55) 발
56) 문
57) 문
58) 종
59) 관
60) 위
61) 영
62) 판
63) 다
64) 운
65) 숙
66) 교
67) 노
68) 교
69) 수
70) 야
71) 의
72) 근
73) 주
74) 단
75) 공
76) 업
77) 국
78) 교
79) 기
80) 동
81) 허가
82) 신고
83) 동
84) 기

③ **기타**

　㉠ 사용승인 준용 : 용도변경 면적 [85)] m² 이상 (용도변경 허가 또는 신고 대상인 경우)

　㉡ 건축사의 설계 : 용도변경 면적 [86)] m² 이상 (용도변경 허가 대상인 경우)

※ 건축물의 용도

① **단독주택**

단독주택	
다중주택	• 학생·직장인이 장기간 거주 • 독립 주거형태가 아닐 것 • 주택으로 쓰는 층수가 [87)] 층 이하 • 1개 동의 주택으로 쓰이는 바닥면적의 합계가 [88)] m² 이하
다가구 주택	• 19세대 이하 • 주택으로 쓰는 층수가 [89)] 층 이하 • 1개 동의 주택으로 쓰이는 바닥면적의 합계가 [90)] m² 이하
공관	

② **공동주택**

아파트	• 주택으로 쓰는 층수가 [91)] 층 이상인 주택
연립주택	• 주택으로 쓰는 1개 동의 바닥면적 합계 [92)] m² 초과, 층수 [93)] 층 이하
다세대 주택	• 주택으로 쓰는 1개 동의 바닥면적 합계 [94)] m² 이하, 층수 [95)] 층 이하
기숙사	

3. 건축법의 적용지역

(1) **전면적용지역** : 도시지역, 지구단위계획구역, 동·읍(500인 미만 섬 제외)

(2) **일부규정 적용배제** : 전면적용 지역 이외의 지역

　① [96)] 지와 도로와의 관계 / 대지의 분할제한

　② [97)] 로의 지정·폐지 및 변경

　③ [98)] 축선의 지정 / 건축선에 의한 건축제한

　④ [99)] 화지구 안의 건축물

85) 100
86) 500
87) 3개
88) 660
89) 3개
90) 660
91) 5개
92) 660
93) 4개
94) 660
95) 4개
96) 대
97) 도
98) 건
99) 방

 제**3**절 | **건축물의 건축**

1. 건축에 관한 입지 및 규모의 사전결정

① 허가대상건축물을 건축하려는 자는 건축허가를 신청[1)]에 허가권자에게 사전결정을 신청

② **실효**: 사전결정 통지일부터 [2)]년 이내에 건축허가를 신청하지 아니하면 사전결정의 효력이 상실

③ **의제사항**: [3)]지전용허가, [4)]발행위허가, [5)]지전용허가, [6)]천점용허가

2. 건축허가

(I) 허가권자 및 허가대상

◯ **원칙**: 건축·대수선하려는 자 ▷ **시장·군수·구청장의 허가**

② **예외**: **특별시장**이나 **광역시장의 허가**

  ㉠ 층수가 [7)]층 이상이거나

  ㉡ 연면적의 합계가 [8)]만m² 이상인 건축물

    • 연면적 3/10 이상 증축 포함, [9)] · [10)] 제외

(2) 사전승인: 시장·군수 ▷ 도지사의 승인

◯ 층수가 21층 이상이거나 연면적의 합계가 10만m² 이상인 건축물(연면적의 10분의 3 이상을 증축에 의한 경우 포함하되, 공장과 창고는 제외)

② [11)]연환경 · [12)]질 보호를 위하여 도지사가 지정·공고하는 구역에서 건축하는 다음의 건축물

  ㉠ [13)]층 이상, 연면적 [14)]천m² 이상

  ㉡ 위락시설, 숙박시설, [15)]동주택, [16)]반업무시설, [17)]반음식점

③ 주거환경·교육환경 등을 위해 도지사가 지정·공고하는 구역안에서 건축하는 [18)]시설, [19)]시설

(3) 대지 소유권 확보 및 매도청구

① **원칙**: 건축허가를 받으려는 자는 해당 대지의 소유권을 확보하여야 한다.

② **예외**: 소유권 확보 없이 허가신청이 가능한 경우

  ㉠ 대지 사용권 확보 ([20)]목적의 공동주택은 제외)

  ㉡ 공유자 수 및 공유지분 [21)]% 이상의 동의

제3절 건축물의 건축

1) 하기 전
2) 2
3) 농
4) 개
5) 산
6) 하
7) 21
8) 10
9) 공장
10) 창고
11) 자
12) 수
13) 3
14) 1
15) 공
16) 일
17) 일
18) 위락
19) 숙박
20) 분양
21) 80

③ **매도청구** : ②의 ㉡에 따라 건축허가 받은 건축주 ⇨ 동의 아니한 공유자에게 시가로 매도할 것을 청구, 청구 전 공유자와 [22)] 이상 협의

⑷ **건축허가의 거부** : 심의를 거쳐 건축허가를 하지 아니할 수 있다.

① **위락시설 · 숙박시설** : **주거 · 교육환경**에 부적합

② **상습 침수**지역 : 거실 설치 부적합

⑸ **건축허가의 취소** : 취소 [23)] .

① 취소사유

㉠ 허가받은 날부터 [24)] 년(공장은 3년) 이내에 공사에 착수하지 아니한 경우

㉡ 공사의 완료가 [25)] 한 경우

㉢ 착공신고 전에 경매 · 공매 등으로 건축주가 대지의 [26)] 을 상실한 때부터 6개월이 경과한 이후 공사의 착수가 불가능하다고 판단되는 경우

② **착수기간의 연장** : [27)] 년 범위내, cf. 횟수제한 ×

⑹ **건축허가의 제한** : [28)] 제한 포함

① 제한권자

㉠ 국토교통부장관 : 국토관리, [29)] 의 요청

㉡ 시 · 도지사(특 · 광 · 도) : 지역계획

② 제한기간 : [30)] 년 이내, 1회에 한하여 [31)] 년 범위내 연장 가능

③ 제한절차

㉠ 주민의견을 청취한 후 건축위원회의 심의

㉡ 허가권자에게 통보 ⇨ [32)] 가 공고

④ 보고 : 시 · 도지사 ⇨ 국토교통부장관

cf. 국토교통부장관은 해제를 명할 수 있다.

3. 건축신고 : 신고를 하면 [33)] 를 받은 것으로 본다.

⑴ **신고대상**

① **바**닥면적의 합계가 [34)] m² 이내의 증축 · 개축 · 재축(3층 이상인 건축물은 연면적의 [35)] 이내로 한정)

② **관리지역 · 농림지역 · 자연환경보전지역**에서 연면적 [36)] m² **미만**, [37)] **층 미만** (지구단위계획구역, 재해취약지역에서의 건축은 제외)

22) 3개월
23) 하여야 한다
24) 2
25) 불가능
26) 소유권
27) 1
28) 착공
29) 주무부장관
30) 2
31) 1
32) 허가권자
33) 건축허가
34) 85
35) 10분의 1
36) 200
37) 3

③ 연면적 [38)] m² **미만**, [39)] **층 미만**인 건축물의 **대수선**

④ 대수선 중 주요구조부와 관련된 [40)]

⑤ **연면적**합계 [41)] m² **이하**의 건축물

⑥ 건축물의 **높이**를 [42)] m 이하의 범위안에서 증축하는 건축물

⑦ 표준설계도서에 의한 건축물

⑧ 공업지역 등에서 건축하는 연면적 [43)] m² 이하, [44)] 층 이하 **공장**

⑨ 읍 · 면지역에서 농업 · 수산업용 건축물
　　㉠ 창고 : [45)] m² 이하
　　㉡ 축사 · 작물재배사 : [46)] m² 이하

(2) **신고의 효력상실** : [47)] 년 이내에 공사착수 ×, 착수기한 연장 : [48)] 년

4. 가설건축물

(1) 허가대상 가설건축물

① **허가대상** : [49)] 또는 그 예정지

② **허가기준**
　㉠ 철근콘크리트조 또는 철골철근콘크리트조가 아닐 것
　㉡ 존치기간은 [50)] **년 이내**일 것
　㉢ [51)] **층 이하**일 것
　㉣ 전기 · 수도 · 가스등 새로운 간선공급설비의 설치를 요하지 아니할 것
　㉤ 분양을 목적으로 건축하는 건축물이 아닐 것

(2) 신고대상 가설건축물

① **신고대상**
　㉠ 전시를 위한 [52)]
　㉡ 조립식구조의 **경비용** 가설건축물([53)] m² 이하)
　㉢ 주거 · 상업 · 공업지역內 농 · 어업용, 간이축사용 **비닐**하우스([54)] m² 이상)
　㉣ **야외흡연실**([55)] m² 이하)

② **신고대상 가설건축물의 존치기간** : [56)] 년 이내
　㉠ 존치기간 만료 고지 : 시 · 군 · 구가 건축주에게 만료 [57)] 일 전까지

38) 200
39) 3
40) 수선
41) 100
42) 3
43) 500
44) 2
45) 200
46) 400
47) 1
48) 1
49) 도시 · 군계획시설
50) 3
51) 3
52) 견본주택
53) 10
54) 100
55) 50
56) 3
57) 30

ⓛ 존치기간 연장

- 허가대상 가설건축물 : ⬚58⬚ 일 전까지 허가 신청
- 신고대상 가설건축물 : ⬚59⬚ 일 전까지 신고

※ 공장내 가설건축물 : 신고 ⬚60⬚

5. 건축물의 사용승인

(1) 사용승인의 신청

① **신청시기** : 허가·신고 건축물의 건축공사 완료 후
- 예외 : ⬚61)⬚ 공사를 완료한 경우

② **신청방법** : 공사완료도서, 감리완료보고서 첨부

(2) 사용승인서의 교부 : ⬚62)⬚ 일내에 검사 후 교부

- **조례가 정하는 건축물** : 검사없이 사용승인서 교부가능

(3) 건축물의 사용시기 : 사용승인을 얻은 후 사용

- **예외** : ㉠ ⬚63)⬚ 일 이내에 사용승인서 교부하지 않는 경우, ㉡ 임시사용승인 (⬚64⬚ 년 이내, 연장 가능)

| 제**4**절 | 건축물의 대지 및 도로 |

1. 대지

(1) 대지안의 조경

① **조경의무** : 대지면적 ⬚1)⬚ m² 이상인 대지

② **조경의무가 없는 건축물**

㉠ 녹지지역, 관리지역, 농림지역, 자연환경보전지역

㉡ 염분 ㉢ 축사 ㉣ 가설건축물

㉤ 공장 : 대지면적 ⬚2)⬚ m² 미만, 연면적 ⬚3)⬚ m² 미만, ⬚4)⬚ 의 공장

㉥ 물류시설 : 연면적 ⬚5)⬚ m² 미만. 단, ⬚6)⬚ 지역·⬚7)⬚ 지역 제외

③ **옥상조경** : 옥상조경면적의 ⬚8)⬚ , 조경면적의 ⬚9)⬚

(2) 공개공지

① **설치목적** : 쾌적한 환경조성

58) 14
59) 7
60) ×
61) 동별
62) 7
63) 7
64) 2

제4절 건축물의 대지 및 도로

1) 200
2) 5,000
3) 1,500
4) 산업단지
5) 1,500
6) 주거
7) 상업
8) 3분의 2
9) 2분의 1

② **설치대상지역**: [10)]주거지역, [11)]주거지역, [12)]지역, [13)]공업지역

③ **대상건축물**

   ㉠ 연면적 [14)]m² 이상

   ㉡ 문화・집회시설, 종교시설, 판매시설, 운수시설, [15)]시설, [16)]시설

     cf. 농수산물유통시설 [17)], 위락시설 [18)]

   ㉢ 다중이용시설로 건축조례가 정하는 건축물

④ **공개공지의 확보면적**: 대지면적의 [19)]% 이하

⑤ **완화적용**: 용적률, 높이제한의 [20)]배 이하 cf. 건폐율의 1.2배 [21)]

⑥ **문화행사 및 판촉활동**: 연간 [22)]일 이내

2. 도로

(1) **도로의 의의**: [23)] 및 자동차통행이 가능, 너비 [24)]m 이상, [25)]도로 포함

  ① 관계법령에 의하여 신설 또는 변경에 관한 [26)]가 된 도로

  ② 건축허가 또는 신고시 시・도지사 또는 시장・군수・구청장 지정・[27)]한 도로

(2) **도로의 지정・폐지**

  ① 허가권자가 도로의 위치를 지정・공고하고자 할 때 ⇨ 이해관계인의 [28)]

    ※ 예외: 다음의 경우 이해관계인 동의 없이 건축위원회 [29)]를 거쳐 지정

      • [30)] 거주 등 동의를 얻기가 곤란한 경우

      • 장기간 통행로로 이용하고 있는 [31)]상의 통로

  ② 도로를 폐지 또는 변경하고자 할 때에는 ⇨ 이해관계인의 동의

(3) **드로의 소요너비**

  ① **원칙**: 4m 이상

  ② **차량통행 곤란한 경우**: [32)]m 이상

  ③ **막다른 도로**: 10m 미만 ⇨ [33)]m, 10 ~ 35m ⇨ [34)]m, 35m 이상 ⇨ [35)]m

    (도시지역이 아닌 읍・면에서는 4m 이상)

(4) **대지와 도로와의 관계**

  ① **원칙**: 대지는 [36)]m 이상을 도로에 접하여야 함

  ② **예외**: 도로에 접하지 아니하여도 되는 경우

    ㉠ 당해 건축물의 [37)]에 지장이 없는 경우

10) 일반
11) 준
12) 상업
13) 준
14) 5천
15) 업무
16) 숙박
17) ×
18) ×
19) 10
20) 1.2
21) ×
22) 60
23) 보행
24) 4
25) 예정
26) 고시
27) 공고
28) 동의
29) 심의
30) 해외
31) 사실
32) 3
33) 2
34) 3
35) 6
36) 2
37) 출입

      ⓛ 건축물의 주변에 광장·공원 등 □38) (건축금지, 공중통행 가능)가 있는 경우

      ⓒ □39)

  ③ 연면적 □40) m²(공장인 경우 □41) m²) 이상 건축물의 대지는 너비 **6**m 이상의 도로에 **4**m 이상 접하여야 함

3. 건축선

(1) 건축선의 개념

① 도로와 접한 부분에 있어서 건축물을 건축할 수 있는 선

② 대지와 □42) 의 경계선을 건축선으로 하는 것이 원칙

(2) 건축선의 지정

① 소요너비에 미달되는 도로에서의 건축선

ⓐ 도로의 □43) 부터 소요너비의 □44) 에 상당하는 수평거리를 후퇴한 선

ⓑ 도로 반대쪽에 경사지·하천·철도 등이 있는 경우 ⇨ 경사지등이 있는 쪽 도로경계선에서 □45) 에 상당하는 수평거리의 선

② 도로의 모퉁이의 건축선: 4m 이상, 8m 미만의 도로, 교차각 120° 미만

도로의 교차각	당해 도로의 너비		교차되는 도로의 너비
	6m 이상 8m 미만	4m 이상 6m 미만	
90° 미만	□46)	3m	6m이상 8m미만
	3m	2m	4m이상 6m미만
90° 이상 20° 미만	3m	2m	6m이상 8m미만
	2m	2m	4m이상 6m미만

③ 시장·군수·구청장이 지정하는 건축선

ⓐ 지정목적: 건축물의 위치 정비, 환경 정비

ⓑ 지정범위: 도시지역에서는 □47) 이하의 범위

(3) 건축선에 의한 건축제한

① 건축물 및 담장은 건축선의 수직면을 넘어서는 아니된다.

② □48) 부분은 건축선 적용하지 아니한다.

③ 도로면으로부터 높이 □49) 미터 이하에 있는 출입구·창문 ⇨ 개폐시에 건축선의 수직면을 넘는 구조로 하여서는 아니된다.

38) 공지
39) 농막
40) 2,000
41) 3,000
42) 도로
43) 중심선
44) 2분의 1
45) 소요너비
46) 4m
47) 4m
48) 지표 아래
49) 4.5

제 **5** 절	**개별건축제한**

1. 면적·높이 등의 산정방법

(1) **대지면적**: 대지의 수평투영면적

  ※ **대지면적에서 제외되는 부분**

  ㉠ [1)]과 도로사이의 대지면적

  cf. 시·군·구의 지정 건축선: 대지면적에 [2)]

  ② **도시·군계획시설**(도로 등)에 포함되는 대지면적

(2) **건축면적**: 외벽의 중심선

  ① **지표면**으로부터 [3)] **이하**에 있는 부분 제외

  ② [4)] **이상 돌출된 부분**: 다음의 수평거리 후퇴

  전통사찰 － 4m, 축사 － 3m, 한옥 － 2m, 기타 － 1m

(3) **비닥면적**: 벽·기둥 등의 구획의 중심선

  ① **구획 없는 건축물**: 지붕 끝에서 [5)] **후퇴**

  ② **노대**(발코니등) = 노대 면적 － (노대등이 접한 길이 × [6)]m)

  ③ **면적에서 제외**: 승강기탑, **다락**(층고 [7)] **m** 이하, 경사지붕은 [8)] m) 등

(4) **연면적**: 하나의 건축물의 각 층의 바닥면적의 합계

  ※ **용적률의 산정 시 제외되는 면적**

  ① 지상층의 [9)]차용으로 사용되는 면적

  ② [10)]하층의 면적

  ③ 경사지붕 아래에 설치하는 [11)]피공간의 면적

  ④ 초고층 건축물의 [12)]난안전구역의 면적

(5) **건축물의 높이**: 지표면으로부터 당해 건축물의 상단까지의 높이

  ① **1층 전체가 필로티인 경우**: 필로티의 층고 제외

  ② **옥상**의 승강기탑·계단탑 등: 건축면적의 [13)] (85m² 이하의 공동주택은 6분의 1) ⇨ [14)]m 넘는 부분만 산입

(6) **층수**

  ① **층수산정시 제외되는 부분**

  ㉠ **옥상**의 승강기탑·계단탑 등: 건축면적의 [15)] (85m² 이하의 공동주택은 6분의 1) 이하인 것

    ⓛ   16)

② 층의 구분이 명확하지 아니한 건축물 : 17) m = 1층

③ 부분마다 층수가 다른 경우 : 가장 18) 은 층수

2. 대지의 분할제한 : 건축물이 있는 대지

(1) 용도지역별 분할 제한 면적

① 주거지역 : 19) m²   ② 상업지역 : 20) m²   ③ 공업지역 : 21) m²

④ 녹지지역 : 22) m²   ⑤ 기타 지역 : 23) m²

(2) 관계규정에 의한 대지의 분할제한 : 대지와 도로와의 관계, 용적률, 건폐율, 대지안의 공지, 가로구역별 높이 제한, 일조확보를 위한 높이 제한

※ 대지분할제한과 관계없는 규정 : 건축선, 대지안의 조경, 공개공지

3. 건축물의 높이제한

(1) 가로구역별 최고높이 제한 : 허가권자가 지정

① 시장 · 군수 · 구청장 : 완화하여 적용할 수 있다.

② 특별시장 · 광역시장 : 조례로 정할 수 있다.

(2) 일조확보를 위한 높이제한

① **전용주거지역, 일반주거지역**에서의 높이제한

ㄱ 정 24) 방향 대지경계선부터 다음 거리를 이격

- **10m 이하**인 부분 : 25) **m 이상**
- **10m를 초과**하는 부분 : 높이의 26) **이상**

ㄴ 정남방향으로 할 수 있는 경우

- 택지개발지구, 도시개발구역, 정비구역 등
- 정북방향으로 27) 에 접한 대지
- 정북방향으로 접한 대지소유자와 28) 한 경우

② **공동주택의 높이**

ㄱ 적용대상 : 29) 지역과 30) 지역은 제외

ㄴ 인접대지경계선까지의 거리에 의한 제한

- 원칙 : 인접대지경계선까지의 수평거리의 31) 배 이하

16) 지하층
17) 4
18) 많
19) 60
20) 150
21) 150
22) 200
23) 60
24) 북
25) 1.5
26) 2분의 1
27) 공지
28) 합의
29) 중심상업
30) 일반상업
31) 2

- 예외 : 근린상업지역, 준주거지역은 32) 배 이하
  ㉢ 건축물이 마주보고 있는 경우 일정 거리를 띌 것
    - 채광창이 있는 벽면으로부터 직각방향 : 각 부분의 높이의 0.5배 이상
    - 채광창이 없는 벽면과 측벽 : 8미터 이상
    - 측벽과 측벽 : 4미터 이상
  ③ 33) 층 이하로서 34) m 이하 ⇨ 적용 아니할 수 있다.

※ 이행강제금

(1) **부과대상** : 위반건축물에 대한 시정명령의 이행을 하지 아니한 경우

(2) **이행강제금의 부과기준**

  ① 건폐율·용적률 초과, 무허가·무신고 ⇨ 1m²의 시가표준액의 35) %× 위반면적 × 비율
    - 건축조례로 낮추는 경우 : 36) % 이상
    ㉠ **신고**를 하지 아니하고 건축한 경우 : 37) %
    ㉡ **건폐율**을 초과하여 건축한 경우 : 38) %
    ㉢ **용적률**을 초과하여 건축한 경우 : 39) %
    ㉣ **허가**를 받지 아니하고 건축한 경우 : 40) %

  ② ①이외의 경우 ⇨ 1m²의 시가표준액의 41) %에 해당하는 금액에 위반면적을 곱한 금액

  ③ 42) m² **이하**의 **주거용** 건축물 ⇨ ①,②의 43) 의 범위에서 조례로 정하는 금액을 부과

  ④ **영리목적의 위반, 상습 위반** : **100분의** 44) 의 범위에서 **가중하여야 한다.**

(3) **부과절차** : 미리 문서로써 계고

(4) **이행강제금의 반복부과** : 1년에 45) 회 이내

(5) **이행강제금의 부과중지** : 시정명령 이행하는 경우

  ① 새로운 이행강제금의 부과를 즉시 중지

  ② 이미 부과된 이행강제금은 이를 징수

32) 4
33) 2
34) 8
35) 50
36) 60
37) 70
38) 80
39) 90
40) 100
41) 10
42) 60
43) 2분의 1
44) 100
45) 2

제1절 총설

1. 주택

(1) 주택의 의의: 건축물의 전부 또는 그 일부 및 그 [1)]

단독주택	단독주택, 다중주택, [2)] 주택
공동주택	아파트, 연립주택, [3)] 주택

(2) 준주택: 주택 외의 건축물, 주거시설로 이용가능

- **종류**: [4)]중생활시설, [5)]숙사, [6)]피스텔, [7)]인복지주택

(3) 건설자금에 따른 주택의 분류

국민주택	국민주택규모 이하인 다음의 주택 ① 국가, 지방자치단체, 한국토지주택공사, 지방공사가 [8)] ② 국가·지방자치단체의 재원 또는 [9)]의 자금지원을 받아 건설·개량
민영주택	국민주택을 제외한 주택

※ **국민주택규모**: 주거전용면적이 [10)]m² 이하 (수도권을 제외한 도시지역이 아닌 읍·면 지역은 [11)]m²)

(4) 세대구분형 공동주택: **구분생활**은 **가능**, **구분소유**할 수 [12)] 주택

① **사업계획승인을 받아 건설하는 공동주택의 경우**
- 각각의 공간마다 별도 욕실·부엌·현관 설치
- 세대간 연결문 또는 경량구조 경계벽 등 설치
- 전체 호수의 [13)] 이내
- 전체 주거전용면적 합계의 [14)] 이내

② **기존 공동주택에 허가·신고후 설치하는 경우**
- 구분공간의 세대수: 기존세대 포함 [15)]세대 이하

제1절 총설

1) 부속토지
2) 다가구
3) 다세대
4) 다
5) 기
6) 오
7) 노
8) 건설
9) 주택도시기금
10) 85
11) 100
12) 없는
13) 3분의 1
14) 3분의 1
15) 2

- 각각의 공간마다 별도 욕실·부엌·구분출입문 설치
- 전체 세대수의 ⎣16)⎦, 해당 동의 전체 세대수의 ⎣17⎦ 이내

(5) **도시형 생활주택** : ⎣18)⎦**세대 미만**의 ⎣19)⎦ 규모로 ⎣20)⎦ 지역에 건설

① **도시형 생활주택의 종류**

㉠ ⎣21)⎦**형 주택** : 다음의 요건을 모두 갖춘 아파트

ⓐ 세대별로 독립된 주거가 가능하도록 욕실 및 부엌을 설치할 것

ⓑ 지하층에는 세대를 설치하지 않을 것

㉡ **단지형** ⎣22)⎦ **주택** : 주택 층수 ⎣23)⎦ 층까지 건축 가능(건축위원회 심의)

㉢ **단지형** ⎣24)⎦ **주택** : 주택 층수 ⎣25)⎦ 층까지 건축 가능(건축위원회 심의)

② **건축제한**

㉠ 원칙 : 하나의 건축물에는 **도**시형 생활주택과 **그** 밖의 주택을 함께 건축할 수 없으며, 하나의 건축물에는 **단**지형 연립주택 또는 단지형 다세대주택과 **아**파트형 주택을 함께 건축할 수 ⎣26)⎦ **다.**

㉡ 예외 : 다음의 경우에는 함께 건축할 수 있다.

- 도시형 생활주택 + 85m^2 초과 주택 ⎣27)⎦ 세대
- ⎣28)⎦ 지역·⎣29)⎦ 지역 : 아파트형 주택 + 도시형 생활주택 외의 주택

2. 기타 용어

(1) **공공택지** : 다음의 공공사업으로 개발·조성되는 공동주택이 건설되는 용지

① **공**공시행자가 **수**용·사용방식으로 시행하는 **도**시개발사업

② 국민주택건설사업, 택지개발사업, 산업단지개발사업 등

(2) **부대시설과 복리시설**

⎣30)⎦ **시설**	주차장, 관리사무소, 담장, 주택단지안의 도로, 경비실 등
⎣31)⎦ **시설**	어린이놀이터, 근린생활시설, 유치원, 경로당, 입주자집회소 등

(3) **간선시설** : 주택단지 안의 ⎣32)⎦ 시설을 주택단지 밖의 ⎣33)⎦ 시설에 연결시키는 시설. ⎣34)⎦ 시설·⎣35)⎦ 신시설·지역 ⎣36)⎦ 시설은 주택단지 안의 기간시설을 포함

(4) **주택단지** : 다음 시설로 분리되면 별개의 주택단지

① 철도·고속도로·자동차전용도로

16) 10분의 1
17) 3분의 1
18) 300
19) 국민주택
20) 도시
21) 아파트
22) 연립
23) 5개
24) 다세대
25) 5개
26) 없
27) 1
28) 준주거
29) 상업
30) 부대
31) 복리
32) 기간
33) 기간
34) 가스
35) 통
36) 난방

② 폭 [37)] 미터 이상인 일반도로

③ 폭 [38)] 미터 이상인 도시계획예정도로

(5) 리모델링 : 건축물의 노후화 억제 또는 기능향상 등을 위한 다음의 행위

① 대수선

② 사용승인일부터 [39)] 년이 경과된 공동주택을 각 세대의 주거전용면적의 [40)] %(85m² 미만인 경우 [41)] %) 이내에서 증축을 하는 행위

③ **세대수 증가형 리모델링** : [42)] % 이내

④ **수직 증축형 리모델링**

ㄱ 기존 건축물이 [43)] 층 이상 : [44)] 개층 까지

ㄴ 기존 건축물이 14층 이하 : [45)] 개층 까지

(6) 공구 : 하나의 단지, 착공신고·사용검사를 별도로 수행

① [46)] 미터 이상의 폭으로 공구 간 경계를 설정할 것

② 공구별 세대수는 [47)] 세대 이상으로 할 것

③ 전체 세대수가 [48)] 세대 이상인 주택단지는 공구별로 분할하여 주택을 건설·공급할 수 있다.

---

37) 20
38) 8
39) 15
40) 30
41) 40
42) 15
43) 15
44) 3
45) 2
46) 6
47) 300
48) 600

제2절 주택의 건설

1. 사업주체

1) 20
2) 20
3) 30
4) 1
5) 3
6) 1
7) 30
8) 신고

제2절

주택의 건설

1. 사업주체

(1) 주택사업의 등록

① **등록대상** : 국토교통부장관에게 등록

구 분	사 업	규모(연간)
주택건설 사업자	단독주택	[1)] 호 이상
	공동주택	[2)] 세대 이상 (도시형 생활주택은 [3)] 세대)
대지조성 사업자	대지조성사업	[4)] 만m² 이상

② **등록요건** : 자본금 [5)] 억, 기술자 [6)] 인, 사무실

③ **등록사항의 변경** : [7)] 일 이내에 국토교통부장관에게 [8)]

④ **결격사유** : 등록 할 수 없다.

   ㉠ 미성년자, 피성년후견인, 피한정후견인

   ㉡ 파산선고를 받은 자로서 복권되지 아니한 자

   ㉢ 금고 이상의 실형을 선고받고 집행종료·면제된 날부터 2년이 지나지 아니한 자

   ㉣ 금고 이상의 형의 집행유예 기간 중에 있는 자

   ㉤ 등록이 말소된 후 [9)]년이 지나지 아니한 자

   ㉥ 임원 중에 ㉠~㉤에 해당하는 자가 있는 법인

   ※ 주택조합의 임원의 결격사유 : ㉠㉡㉢㉣ + [10)], 자격상실, 공동사업주체의 임직원

⑤ **등록말소 등** : 등록말소 또는 1년 이내의 영업정지

   ※ 의무적 말소 사유 : 등록증 [11)]여, [12)]정등록

⑥ **등록말소 전 사업계획승인** : 계속 수행할 수 있다.

(2) **비등록사업자** : 다음 사업주체는 등록의무가 없다.

① 국가·지방자치단체, 한국토지주택공사, 지방공사

② 주택건설사업을 목적으로 설립된 공익법인

③ 등록사업자와 공동으로 주택건설사업을 시행하는 [13)]

④ 등록사업자와 공동으로 주택건설사업을 시행하는 [14)]

(3) **공동사업주체**

① **토지소유자** : **등록사업자**와 공동으로 사업을 시행 [15)].

② **주택조합**(세대수 증가가 없는 리모델링주택조합 [16)]) : **등록사업자**(지방자치단체·토지주택공사·지방공사 포함)와 공동으로 사업을 시행 [17)].

③ **고용자** : **등록사업자**와 공동으로 사업을 시행 [18)].

(4) **주택조합**

① **주택조합의 종류**

   ㉠ 지역주택조합 : 동일한 지역에 거주하는 주민이 주택을 [19)]하기 위하여 설립한 조합

   ㉡ 직장주택조합 : 동일한 직장의 근로자가 주택을 [20)]하기 위하여 설립한 조합

   ㉢ 리모델링주택조합 : 공동주택의 소유자가 당해 주택을 리모델링하기 위하여 설립한 조합

9) 2
10) 선고유예
11) 대
12) 부
13) 주택조합
14) 고용자
15) 할 수 있다
16) 제외
17) 할 수 있다
18) 하여야 한다
19) 마련
20) 마련

② **조합설립**

  ㉠ 원칙 : [21)]의 인가를 받아야 한다.

    • 지역주택조합과 직장주택조합 : 대지의 [22)]% 이상 토지사용권, [23]% 이상 소유권 확보

    • 리모델링주택조합 : 동별 [24)] 및 전체 [25)] 이상의 결의

    ※ 리모델링 허가시 동의 : 동별 [26)]%, 전체 [27)]%

  ㉡ [28)]민주택을 공급받기 위하여 [29)]장주택조합을 설립 : 시장·군수·구청장에게 [30)]고하여야 한다.

③ **조합원 자격**

  ㉠ 지역주택조합 : [31)] 또는 [32)]m^2 이하 주택을 1채만 소유한 세대주, 6개월 이상 거주자

  ㉡ 직장주택조합 : [33)] 또는 [34)]m^2 이하 주택을 1채만 소유한 세대주 (신고 설립 : 무주택자에 한함)

  ㉢ 리모델링주택조합 : 공동주택/복리시설 소유자

④ **조합원수** : 주택건설예정세대수의 [35)]% 이상, [36)]명 이상(리모델링주택조합은 제외)

⑤ **조합원의 모집** : 지역·직장주택조합

  ㉠ 원칙 : [37)]% 이상의 대지사용권을 확보, 시장·군수·구청장에게 [38)], [39)] 모집

  ㉡ 결원충원, 재모집 : 신고 [40)] [41)]

  ㉢ 발기인의 조합가입 의제 : 조합원 모집 신고일

⑥ **지역조합·직장조합의 조합원 교체·신규가입**

  ㉠ 설립인가를 받은 후에는 해당 조합원을 교체하거나 신규로 가입하게 할 수 없다.

  ㉡ [42)]의 승인을 받은 경우에는 조합원을 교체하거나 신규로 가입하게 할 수 있다.

  ㉢ 다음의 사유로 [43)]하는 경우에는 조합원을 교체하거나 신규로 가입하게 할 수 있다.

    ⓐ 조합원의 [44)]

    ⓑ [45)]승인 이후의 양도·증여·판결 등으로 변경된 경우

21) 시장·군수·구청장
22) 80
23) 15
24) 과반수
25) 3분의 2
26) 50
27) 75
28) 국
29) 직
30) 신
31) 무주택자
32) 85
33) 무주택자
34) 85
35) 50
36) 20
37) 50
38) 신고
39) 공개
40) 없이
41) 선착순
42) 추가모집
43) 결원 충원
44) 사망
45) 사업계획

　　　ⓒ 조합원 ☐46)

　　　ⓓ 조합원의 ☐47) 로 주택건설예정세대수의 ☐48) % 미만이 된 경우

　　　ⓔ ☐49) 으로 변경된 주택건설예정세대수의 ☐50) % 미만이 된 경우

　ⓔ 추가모집 또는 충원되는 조합원의 자격 요건: 조합설립인가 신청일 기준

　ⓜ 추가모집에 따른 주택조합의 변경인가 신청: 사업계획승인신청일까지

⑦ **주택조합의 해산 등(총회의결로 결정)**

　ⓖ 조합해산 여부 결정: 조합설립인가일부터 ☐51) 년이 되는 날까지 사업계획승인을 받지 못하는 경우

　ⓛ 사업종결 여부 결정: 조합원 모집 신고일부터 ☐52) 년이 되는 날까지 설립인가를 받지 못하는 경우

2. 주택상환사채

① **발행자**: 등록사업자, ☐1)

② **발행절차**

　ⓖ ☐2) 의 승인

　ⓛ ☐3) : 주택도시보증공사의 보증

③ **등록사업자의 주택상환사채발행**

　ⓖ 법인으로서 자본금이 ☐4) 원 이상일 것

　ⓛ 건설업 등록을 한 자일 것

　ⓒ ☐5) 년간 연평균 주택건설실적: ☐6) 세대 이상

　ⓔ 발행규모: ☐7) 년간의 연평균 주택건설호수 이내

④ **발행방법**

　ⓖ ☐8) 증권으로 발행

　ⓛ 명의변경: 사채 ☐9) 에 기록 + ☐10) 에 기록

　ⓒ 액면 또는 할인의 방법으로 발행

　ⓔ 양도·중도해약금지

⑤ **상환**: ☐11) 년 초과× (사채발행일 ～ ☐12))

⑥ 등록말소 ⇨ 주택상환사채의 효력에 영향 ☐13)

⑦ **적용법규**: 상법 중 사채발행에 관한 규정을 적용

---

46) 자격상실
47) 탈퇴
48) 50
49) 예정세대수의 변경
50) 50
51) 3
52) 2

2. 주택상환사채

1) 한국토지주택공사
2) 국토교통부장관
3) 등록사업자
4) 5억
5) 3
6) 300
7) 3
8) 기명
9) 원부
10) 채권
11) 3
12) 공급계약체결일
13) ×

3. 사업계획승인

(1) 사업계획승인 신청 대상

① 주택건설사업

단독 주택	원칙	1) 호
	예외	※ 다음의 경우 50호 ㉠ 공공택지에서 단독주택 건설 ㉡ 2)
공동 주택	원칙	3) 세대
	예외	※ 다음의 경우 50세대 ㉠ 4) 연립주택·다세대주택 ㉡ 주거환경개선사업구역

② 대지조성사업 : 5) 만m²

(2) 사업계획승인권자

① 원칙

㉠ 6) 만m² 이상 : 시·도지사 또는 대도시 시장

㉡ 7) 만m² 미만 : 특별시장·광역시장·특별자치도지사 또는 시장·군수

② 예외 : 국토교통부장관

㉠ 8) 가·한국 9) 지주택공사가 시행하는 경우

㉡ 10) 이 고시하는 지역에서 시행하는 경우

(3) 사업계획승인 제외대상

① 11) 지역· 12) 지역에서 13) 세대 미만의 주상복합

② 주택의 비율이 14) % 미만

(4) 주택건설대지의 소유권 확보

① 원칙 : 사업계획승인을 얻고자 하는 자 ⇨ 대지의 소유권 확보하여야

② 예외

㉠ 지구단위계획 결정이 필요한 사업으로 15) % 이상의 대지 사용권원 확보, 나머지는 매도처구 대상

cf. 주택조합은 16) % 이상 소유권 확보

㉡ 대지를 사용할 수 있는 권원을 확보한 경우

㉢ 국가·지방자치단체·한국토지주택공사·지방공사

(5) 매도청구: 시가대로 매도할 것을 청구

① **주택건설사업**

㉠ 사용권원 [17)] % 확보 : 모든 소유자에게 청구

㉡ 사용권원 [18)] % 미확보 : 지구단위계획구역 결정고시일 [19)] 년 이전부터 계속 보유한 자 제외

㉢ 대지소유자와 사전에 [20)] 이상의 기간을 협의

② 리모델링주택조합 ⇨ 리모델링 결의에 찬성하지 아니하는 자에 대해 매도 청구

※ 사용검사 후 매도청구

① **주택소유자** ⇨ 사용검사후 소유권을 회복한 자

② **요건** : 해당 토지가 전체 면적의 [21)] 퍼센트 미만

③ **매도청구소송**

㉠ 대표자 선정 : [22)] 이상의 동의

㉡ 판결의 효력 : 소유자 전체에 대하여 효력

④ **매도청구 의사표시** : 소유권 회복일부터 [23)] 년 이내

(6) 공사 착수

① **착수 시한**

㉠ 승인받은 날부터 [24)] 년 이내

㉡ 공구별 승인을 받은 경우

• 최초 공구 : 승인받은 날부터 [25)] 년 이내

• 최초 외의 공구 : 최초 착공신고일부터 [26)] 년 이내

② **착수 시한의 연장** : [27)] 년

③ **사업계획승인의 취소** : 취소 [28)] .

㉠ [29)] 년 이내에 공사를 시작하지 아니한 경우

㉡ 대지소유권을 상실한 경우

㉢ 공사의 완료가 불가능한 경우

17) 95
18) 95
19) 10
20) 3개월
21) 5
22) 4분의 3
23) 2
24) 5
25) 5
26) 2
27) 1
28) 할 수 있다
29) 5

4. 사업시행을 위한 조치

(1) 국·공유지의 우선매각·임대

① **다음의 목적으로 우선 매각·임대 가능**
- ㉠ 국민주택규모의 주택을 [30)] % 이상 건설
- ㉡ 주택조합이 건설하는 주택의 건설

② **환매 또는 임대차계약 취소**(할 수 있다): [31)] 년 이내에 목적 사업 시행 아니하는 경우

(2) 체비지 우선매각

① **목적**: [32)] 용지로 사용하기 위하여

② **매각범위**: 체비지 총면적의 [33)] 범위 내

5. 사용검사

(1) 대상 및 시기

① **원칙**: 사업을 완료한 경우

② **예외**: [34)] 별, [35)] 별

(2) 사용검사권자

① **원칙**: 시장·군수 또는 구청장

② **예외**: 국토교통부장관

(3) 신청자: 원칙(사업주체), 예외(파산등 − [36)], [37)] 대표회의)

(4) 사용검사시기: 신청일로부터 [38)] 일 이내

(5) 임시사용승인

① **원칙**: 사용검사전 사용불가

② **예외** ⇨ 임시사용승인을 얻은 경우
- ㉠ 임시사용승인 신청: 동별·구획별 공사완료시
- ㉡ 공동주택은 [39)] 별로 임시사용승인 가능

30) 50
31) 2
32) 국민주택
33) 2분의 1
34) 공구
35) 동
36) 시공보증자
37) 입주예정자
38) 15
39) 세대

제 **3** 절 주택의 공급

1. 주택공급

※ **입주자 모집**: [　1)　]의 승인

    ㉠ 공공주택사업자(국가·지방자치단체·한국토지주택공사·지방공사): 승인 [　2)　]

    ㉡ 복리시설의 경우: [　3)　]

2. 분양가격제한

(1) 분양가 상한제

  ① **분양가상한제 적용**: 다음의 지역에서 사업주체가 일반에 공급하는 공동주택

    ㉠ 공공택지

    ㉡ 분양가상한제 적용지역

  ② **분양가상한제의 적용제외 대상**

    ㉠ [　4)　]

    ㉡ 경제자유구역에서 심의·의결한 경우

    ㉢ **관광특구**에서 층수가 [5)] **층 이상** [　6)　] 높이가 [7)] **미터 이상**인 경우

(2) 분양가상한제 적용지역

  ① **지정권자**: [　8)　]

  ② **대상**: 주택가격상승률 > 물가상승률

    ㉠ [9)] 개월간 아파트 분양가격상승률이 물가상승률의 [10)] 배

    ㉡ [11)] 개월간 주택매매거래량이 전년 동기 대비 [12)] 퍼센트 이상 증가

    ㉢ [13)] 개월 동안 주택의 월평균 청약경쟁률이 모두 [14)]을 초과(국민주택규모는 [15)])

  ③ **지정절차**: 의견(시·도지사) − 심의 − 공고·통보(시·군·구) − 시·군·구가 사업주체에게 공고하도록 함

  ④ **해제**: 계속 지정할 필요가 없다고 인정 ⇨ 심의 거쳐 해제하여야 한다.

    ㉠ 해제요청: 시·도지사, 시·군·구 ⇨ 국토교통부장관

    ㉡ 해제여부결정: [16)]일 이내

제3절 주택의 공급

1) 시장·군수·구청장
2) ×
3) 신고
4) 도시형 생활주택
5) 50
6) 이거나
7) 150
8) 국토교통부장관
9) 12
10) 2
11) 3
12) 20
13) 2
14) 5대 1
15) 10대 1
16) 40

3. 투기과열지구

(1) **지정권자**: 국토교통부장관 또는 [17)]

(2) **지정절차**: 의견(시 · 도지사) − 심의 − 공고 · 통보(시 · 군 · 구) − 시 · 군 · 구가 사업주체에게 공고하도록 함

   cf 시 · 도지사가 지정하는 경우 국토부교통장관과 협의

(3) **재검토**: 국토교통부장관이 [18)] 마다

(4) **해제**: 계속 지정할 필요가 없다고 인정 ⇨ 심의 거쳐 해제하여야 한다.

   ① **해제요청**: 시 · 도지사 또는 시장 · 군수 · 구청장 ⇨ 국토교통부장관, 시 · 도지사

   ② **해제여부통보**: [19)] 일 이내

4. 조정대상지역

(1) **지정권자**: [20)]

(2) **지정대상**: 주택분양 과열 또는 주택거래 위축

(3) **지정절차**: 관계기관 협의(기금지원, 세제조치 등) − 의견(시 · 도지사) − 심의 − 공고 · 통보(시 · 군 · 구) − 시 · 군 · 구가 사업주체에게 공고하도록 함

(4) **재검토**: 국토교통부장관이 [21)] 마다

(5) **해제**: 계속 지정할 필요가 없다고 인정 ⇨ 심의 거쳐 해제하여야 한다.

   ① **해제요청**: 시 · 도지사 또는 시장 · 군수 · 구청장 ⇨ 국토교통부장관

   ② **해제여부통보**: [22)] 일 이내

5. 저당권설정 등의 제한

(1) **저당권설정 등의 제한**

   ① **제한기간**: 입주자모집공고승인 신청일 ~ 소유권이전등기를 신청할 수 있는 날 이후 [23)] 일까지

     cf. 주택조합은 [24)] 신청일 ~

     cf. 소유권이전등기를 신청할 수 있는 날 = 사업주체가 통보한 입주 가능일

   ② **제한내용**: 공급받는 자의 동의 없는 담보물권의 설정, 처분 등의 행위 금지

17) 시 · 도지사
18) 반기
19) 40
20) 국토교통부장관
21) 반기
22) 40
23) 60
24) 사업계획승인

⑵ **부기등기** : 담보물권의 설정등이 제한되는 재산임을 부기등기

  ① **사업주체가 국가 · 지방자치단체 · 토지주택공사 · 지방공사인 경우** : 부기등기의무 없다.

  ② **부기등기의 시기**

    ㉠ 25) 지 : 26) 주자모집공고 승인 신청과 동시에

    ㉡ 27) 택 : 28) 유권보존등기와 동시에

  ③ **부기등기일 이후 위반행위** : 29)

6. 전매제한

⑴ **전매제한 대상 및 기간** : 30) 년 이내의 범위에서 대통령령으로 정하는 기간

  ① 투기과열지구에서 건설 · 공급되는 주택

  ② 조정대상지역에서 건설 · 공급되는 주택

  ③ 분양가상한제 적용주택

  ④ 공공택지 외의 택지에서 건설 · 공급되는 주택

  ⑤ 공공재개발사업으로 건설 · 공급되는 주택

⑵ **전매제한의 예외** : 31) 의 동의를 받은 경우

  ① 근무 또는 생업상의 사정 등으로 세대원 32) 이 다른 광역시, 시 또는 군으로 이전하는 경우

    cf. 33) 안에서 이전하는 경우 제외

  ② 상속에 의하여 취득한 주택으로 세대원 전원이 이전

  ③ 세대원 전원이 해외이주, 34) 년 이상 해외 체류

  ④ 이혼으로 인하여 배우자에게 이전

  ⑤ 국가 · 지방자치단체 등에 대한 채무로 인한 경매 · 공매

  ⑥ 주택의 35) 를 배우자에게 증여

  ⑦ 실직 · 파산 등으로 인한 경제적 어려움

7. 공급질서교란행위의 금지

⑴ **금지행위** : 증서 등의 양도 · 양수(36) · 37) 저 외) · 알선 · 광고 금지

⑵ **금지대상**

  ① 38) 의 조합원으로 주택을 공급 39) 지위

---

25) 대
26) 입
27) 주
28) 소
29) 무효
30) 10
31) 한국토지주택공사
32) 전원
33) 수도권
34) 2
35) 일부
36) 상속
37) 저당
38) 주택조합
39) 받을 수 있는

② [　40)　]

③ 입주자저축의 증서

④ **기타** : 무허가건물확인서, 건물철거예정증명서, 건물철거확인서, 이주대책대상자확인서 등 주택을 공급받을 수 있는 증서 또는 지위

⑶ **위반시 효과**

① 공급신청할 수 있는 [　41)　]는 **무효**로, 공급[　42)　]은 **취소**[　43)　].

② **환매** : 주택가격 지급한 때 사업주체가 주택 취득

③ **퇴거명령** : 매수인에게 주택가격 지급 또는 공탁

④ 국토교통부장관은 위반한 자에 대하여 [　44)　]년 이내의 범위에서 주택의 **입주자자격을 제한**할 수 있다.

---

40) 주택상환사채
41) 지위
42) 계약
43) 하여야 한다
44) 10

농지법

제1절 총설

(1) 농지의 범위

① 농작물의 경작 또는 다년성식물재배지로 이용되는 토지(지목 불문), 토지 개량시설의 부지 등

② 농지에서 제외되는 토지

   ㉠ 전·답·과수원이 아닌 경작기간이 [1)]년 미만인 토지

   ㉡ 초지법에 의하여 조성된 [2)]지

   ㉢ [3)]야로 산지전용허가가 없이 경작에 이용되는 트지

(2) 농업인

① [4)]m² 이상의 농지, 1년 중 농업에 [5)]일 이상 종사

② [6)]m² 이상의 고정식온실·비닐하우스 등에서 경작

③ 대가축 [7)]두, 중가축 [8)]두, 소가축 [9)]두, 가금 [10)]수 또는 꿀벌 [11)]군 이상을 사육하거나 1년 중 축산업에 [12)]일 이상 종사자

④ 농산물 연간 판매액 [13)]만원 이상

(3) 기타 용어

① **농업법인**: 영농조합법인과 업무집행권을 가진 자 중 [14)] 이상이 농업인인 농업회사법인

② **자경**: 농작업의 [15)] 이상이 자기 노동력

③ **위탁경영**: 보수를 지급하기로 약정하고 농작업의 전부 또는 일부를 위탁하여 행하는 농업경영

④ **주말·체험영농**: 농업인이 아닌 개인이 취미생활·여가활동으로 경작·재배

제1절 총설

1) 3
2) 초
3) 임
4) 1천
5) 90
6) 330
7) 2
8) 10
9) 100
10) 1천
11) 10
12) 120
13) 120
14) 3분의 1
15) 2분의 1

제2절 농지의 소유

1. 농지의 소유제한

(1) **경자유전의 원칙**: 농지는 자기의 농업경영에 이용하거나 이용할 자가 아니면 이를 소유하지 못함

(2) **예외**: 농업경영에 이용하지 아니하는 농지를 소유

① 국가 또는 지방자치단체가 농지를 소유하는 경우

② [1)] 교 등이 시험·연구·실습지 등으로 농지를 소유

③ [2)] **말·체험영농**: 농업진흥지역 [3)] 의 농지를 소유

④ 농지 [4)] 용허가·신고·협의 후 농지를 소유

⑤ [5)] 발사업지구내 1,500m² 미만의 농지

⑥ [6)] 년 이상 농업경영을 하던 자가 이농하는 경우

⑦ [7)] 속에 의하여 농지를 취득하여 소유

⑧ [8)] 보농지를 취득하여 소유

⑨ [9)] **농여건불리농지**: 평균경사율이 15% 이상

⑩ [10)] 축토지(계획관리지역, 자연녹지지역)

⑪ **공공목적의 농지 소유**: 수용, 매립농지 등

2. 농지의 소유상한제

(1) **농지의 소유상한**

① **농업경영을 하지 않는 상속농지**: [11)] m² 이내

② **8년 이상 농업경영을 하던 자가 이농**: [12)] m² 이내

③ **주말·체험영농**: [13)] m² 미만/세대원 [14)] 의 총면적

(2) **소유상한에 대한 예외**: 임대·사용대 기간중 소유 상한 초과하는 농지를 계속 소유할 수 있다.

3. 농지취득자격증명

(1) **발급대상**

① **원칙**: 농지취득 ⇨ [______15)______] 에게서 농지취득자격증명을 발급

② **예외**: 농지취득자격증명을 발급받지 않고 취득

 ㉠ 소유제한 예외 사유(단, 학·주·전·개·영·비는 제외)

  cf 농지전용협의 – 증명 필요 16)

 ㉡ 17) 효의 완성, 농업법인의 18) 병, 공유농지의 19) 할, 환매권자의 20) 매

(2) **농업경영계획서의 작성**

① **원칙**: 농지취득자격증명을 발급받으려는 자 ⇨ 농업경영계획서 또는 주말·체험영농계획서를 작성하여 발급신청

② **예외**: 농업경영계획서를 작성하지 않고 발급신청

 ㉠ 21) 교 등이 시험·연구·실습지 등으로 농지를 소유

 ㉡ 농지 22) 용허가·신고 후 농지를 소유

 ㉢ 23) 발사업지구내 $1,500m^2$ 미만의 농지

 ㉣ 24) 농여건불리농지: 평균경사율이 15% 이상

 ㉤ 25) 축토지

(3) **발급절차 등**

① 시·구·읍·면장에게 신청서 제출

② **농지 투기 성행·우려 지역**: 농지위원회의 심의

③ **발급기한**

 ㉠ 원칙: 26) 일 이내에 발급

 ㉡ 농업경영계획서 작성하지 않는 경우: 27) 일

 ㉢ 농지위원회의 심의대상인 경우: 28) 일

④ 소유권등기를 신청시 농지취득자격증명을 첨부

⑤ **신청서류 및 농업경영계획서 보존**: 29) 년

4. 농지 처분의무

(1) **처분사유**

① 농업회사법인이 설립요건에 맞지 아니하게 된 후 30) 이 지난 경우

② 농지전용허가·신고 후 농지를 취득한 날부터 31) 이내에 그 목적사업에 착수하지 아니한 경우

(2) **처분의무**: 처분사유 발생 ⇨ 32) 이내에 처분

(3) **처분명령**: 33) 이내에 처분할 것을 명령할 수 있다.

16) ×
17) 시
18) 합
19) 분
20) 환
21) 학
22) 전
23) 개
24) 영
25) 비
26) 7
27) 4
28) 14
29) 10
30) 3개월
31) 2년
32) 1년
33) 6개월

① **처분명령사유**
　㉠ 농지취득자격증명의 부정 발급
　㉡ 처분의무기간 내에 처분하지 않는 경우
　㉢ 농업법인이 부동산업을 영위한 경우

② **처분명령의 유예**: 3년간 직권으로 유예
　㉠ 농지를 자기의 농업경영에 이용하는 경우
　㉡ 매도위탁계약을 체결한 경우

(4) **매수청구**

① 처분명령을 받은 때, ☐ 34) ☐에게 매수청구

② **매수가격**: 공시지가 > 인근지역 실제거래가격

(5) **이행강제금**

① **부과대상**
　㉠ 처분명령을 이행하지 아니한 자
　㉡ 원상회복명령을 이행하지 아니한 자

② **부과금액**: 감정가격과 개별공시지가 중 높은 가격의 100분의 ☐ 35) ☐

③ **부과횟수**: 매년 ☐ 36) ☐회 부과·징수 가능

제 **3** 절　농지의 이용

(1) **대리경작제도**

① **대리경작자의 지정**: ☐ 1) ☐이 직권으로 또는 신청에 따라 지정

② **대상농지**: 유휴농지

③ **대리경작자**: 인근지역 농업인·농업법인, 지정곤란시 농업생산자단체·학교 등

④ **지정절차**: 지정예고 − 지정통보(시장·군수·구청장 ⇨ 대리경작자, 소유자 등)
　cf. 지정에 대한 이의신청: 지정예고일 부터 10일

⑤ **대리경작의 기간**: 따로 정하지 아니하면 ☐ 2) ☐년

⑥ **사용료**: 수확량의 100분의 ☐ 3) ☐ − ☐ 4) ☐개월내 지급

⑦ **지정해지 신청**: 대리경작기간 만료 ☐ 5) ☐개월 전까지

34) 한국농어촌공사
35) 25
36) 1

제3절 농지의 이용

1) 시장·군수·구청장
2) 3
3) 10
4) 2
5) 3

(2) 농지의 임대차

① **원칙**: 임대하거나 무상사용하게 할 수 없다.

② **예외**: 임대·무상사용이 가능한 경우

  ㉠ 농지의 소유제한의 예외에 해당하는 경우(학·주는 제외)

  ㉡ [6)]세 이상의 고령으로 농업경영에 종사하지 아니하게 된 자가 자기 농업경영에 이용한 기간이 [7)]을 초과하는 농지를 임대하는 경우

  ㉢ 자경 농지를 이모작을 위하여 [8)]개월 이내로 임대하는 경우

③ **계약방법**: 서면계약을 원칙으로 한다.

  – 등기가 없는 경우: 시·구·읍·면장의 확인 + 농지 인도 ⇨ 제3자에 대하여 효력이 있다.

④ **임대차 기간**

  ㉠ 임대차 기간: [9)]년 이상 (이모작 제외), 다년성식물 재배지, 고정식온실, 비닐하우스는 [10)]년 이상

  ㉡ 임대차 기간을 정하지 아니한 경우 ㉠의 기간으로 약정된 것으로 본다.

  ㉢ 묵시적 갱신: 임대인의 갱신통지(3개월 전)가 없으면

(3) 능지의 위탁경영

① **원칙**: 소유농지를 위탁경영할 수 없다.

② **예외**: 위탁경영이 가능한 경우

  – 징집, [11)] 이상 국외여행, 농업법인의 [12)], [13)] 이상 치료, 취학, 공직취임, 분만후 [14)] 이내 등

제 **4** 절　농지의 보전

※ 농업진흥지역

(1) **지정권자**: [1)]

(2) **구분지정**

  ① **농업** [2)] **구역**: 농업목적으로 이용

  ② **농업** [3)] **구역**: 농업진흥구역의 농업환경 보호

(3) **지정대상**: 녹지지역([4)] 녹지 제외), 관리·농림·자연환경보전지역

6) 60
7) 5년
8) 8
9) 3
10) 5
11) 3개월
12) 청산
13) 3개월
14) 6개월

제4절 농지의 보전
1) 시·도지사
2) 진흥
3) 보호
4) 특별시

제37회 공인중개사 시험대비 **전면개정**

2026 박문각 공인중개사

박희용 익힘장 **2차** 부동산공법

초판인쇄 | 2026. 1. 25.　**초판발행** | 2026. 1. 30.　**편저** | 박희용 편저

발행인 | 박 용　**발행처** | (주)박문각출판　**등록** | 2015년 4월 29일 제2019-000137호

주소 | 06654 서울시 서초구 효령로 283 서경빌딩 4층　**팩스** | (02)584-2927

전화 | 교재 주문 (02)6466-7202, 동영상문의 (02)6466-7201

저자와의
협의하에
인지생략

정가 10,000원

ISBN 979-11-7519-761-9